福音書の女性たち

マルタ・ドリスコル 著
木鎌 安雄 訳

サンパウロ

献辞

※日本で奉仕している厳律シトー会の司祭・修道士・修道女の方々に賛美と感謝をささげます。

※天の主の家でとりなしの祈りをしている妻に感謝いたします。

訳者

目次

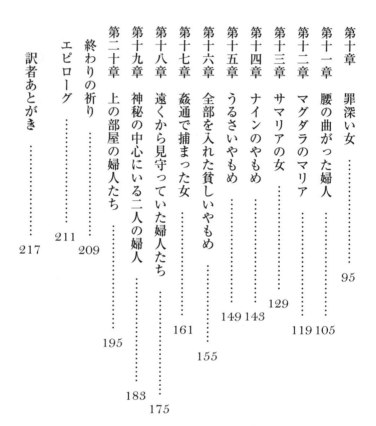

序

フェミニズムにはたくさんの意味と表現があります。そのため、それに対して種々さまざまな応えがあります。その中で、すばらしいフェミニスト運動の一つは、イエスがかかわり合った女性たちに目を向けていることです。こうした運動のおかげでイエスをよりよく知るようになりました。そしてイエスに従う者として、イエスの弟子として生きるわたしたちの生活をより完全に理解できるようになりました。

トマス・アクイナスの導きのもとで、神学の勉強をしたときから心に残っている一つのことばがあります。それは、受け取るものやことは、受け取る人のあり方によって決まるということです。まことの神の娘であり、イエス・キリストを愛する人である一人の女性が受け取ったものを分かち合うことができる機会が与えられたのは幸いなことです。

著者マルタ・ドリスコルは、一九六〇年代と七〇年代の多くの若者と同様に、真の探求者でした。探求のためならどんな遠い所もいといませんでした。そのため、み摂理は、彼女を遠くに連れて行きました。マルタは、豊かなシトー会の遺産とその修道生活の起源に触れました。そして、現代の偉大な霊的母の一人であり、厳律シトー会のイタリアのビトルキアノ修道院の大院長メール・クリスティアナ・ピカルドの導きによって、その修道院に入会しました。才能に恵まれた若き探求者は、自分に与えられた知恵を心から受け入れました。ビトルキアノ修道院で十年あまり過ごしてから、スール・マルタは、インドネシアにシトー会を植え付けるために送られました。現在、そこの大院長として、賢明な霊的母として尊敬され、インドネシアだけでなく世界の各地でも修道女の生活を育成しています。

メール・マルタは、修道生活にシトー会の豊かな遺産が育てた知恵をもたらしています。キリスト者の成熟した女性の真の姿を示しています。女性として、イエス・キリストの弟子として、自分のことをよくわきまえています。イエスが反対されたときにも、迫害されたときにも、裏切られ、殺されたときにも、ナザレの若きイエス・キリストにりりしく従った女性たちのことを彼女は心底から愛しています。

大院長であり、教師であるメール・マルタは、福音書をしずかに読んでいるときに受けたいろいろな洞察を伝える能力を授かっています。心から深く思いめぐらしていくなかで、祈ることによって生まれた感情と直観を伝えています。メール・マルタがさまざまな司牧的責任を果たしながら、主との関係を深めていくなかで受け取ったものをわたしたちと分かち合ってくださったことに感謝いたします。本書を読んでくださる方々が、その読書の時間が、わたしが受けたと同じように、実り豊かなものになると信じています。

二〇〇五年二月十五日

厳律シトー会員　バジル・ペニントン

はじめに

福音書は、多くの女性について語っていますが、詳しくは語っていません。その一つの理由は福音記者が男性であるからでしょう。福音書の女性について多くのことを学び取るためには、直観的な心をもって行間を読み取ることを学ぶ必要があります。わずかであっても、心にひびいたことばや、書かれていないことを示してくれることばを聴くと、いつもみことばを読みたくなるものです。「イエスの行われたことは、このほかにもたくさんある。その一つ一つを書き記すなら、世界さえも、その書かれた書物を収めきれないであろうと、わたしは思う」。（ヨハネ21・25）

イエスの女性の弟子であるシトー会の共同体は、女性の傷ついた存在を発見するというテーマで、何年間か真剣に仕事をしてきました。この仕事から得る一つは、神の子であるイエスがイエスの時代とその後の何百年間、それまで聞いたこともない方法で女性を示したことを理解し実感したことでした。イエスは、女性たちに対等な人として、そして人間として語りかけました。女性の尊厳に注意を払い、女性たちに自分のことを新しく意識させました。福音書では、このことについて女性自身の見方からほとんど語られていません。しかし、福音書に書かれた単純な事柄は、大きな書物に匹敵するほどのことを語っています。

わたしたちは、だんだんと福音書を女性として読みたくなってきました。イエスによって、わたしたちが女性としての真のアイデンティティーに目覚めさせてもらいたいと思うようになりました。そして、知性と理性をもって、心と感動と愛情をもって、イエスとの出会いを探し求めるにあたって、自分の直観的で想像的なたまものを使いたいと思うようになりました。こうしたことが、シトー会の伝統による修道的なレクチオ・ディヴィナ（聖なる読書）の目的です。そこで、わたしたちは、より意識的なあり方でこの祈りに女性の特性をもたらしたいと思いました。福音の豊かな世界に入っていきたいと思いました。それは、過去の世界であると同時に、霊感を受けたことばを通して、わたしたちが秘跡的に現存している世界でもあります。イエスが思いやりを込めて、あわれみをもって、わたしたちとの人間的な関係を望まれて、わたしたちの人間性に触れているイエスを通して、わたしたちは神の愛を体験したいのです。

福音書における女性の物語は、新しい方法でものごとを見るために、この開かれた状態から流れ出ています。この女性たちが誰なのか、彼女たちの体験はどのようなものだったのかと考えると、考えが形成される前に、手が書き始めるように思えるのです。これは、福音書の女性たちが隠れた世界の扉を開けて、人間の声と眼力を使って、出来事の概略を書き記して、自分たちの秘密を伝えたいと思っているかのようです。こうした女性の物語を姉妹たちと分かち合うとき、姉妹たちは、自分の祈りのためにとても役立つと気づきました。

本著は、教えるというスタイルではなく、軽い読み物です。堅くまじめなものではない、という人もいるかもしれません。確かにそうかもしれません。本書は、信仰について、また今日の世界の諸問題について、深い考察をしようと考えられたものではありません。多くの人にとって、奇抜で風変わりなもの、あまりにも主観的な想像にあふれていると思えるでしょう。けれども、福音記者が書き残したギャップを埋めるために想像力を使うことは役に立ちますし、また必要なことです。わたしたちは、読むことによって、福音書の物語の行間に隠れている事柄を発見するでしょう。

おそらくとりわけ、本書は、読者であるあなたがわたしたちシトー会の共同体でのレクチオ・ディヴィナ、つまり福音書の「聖なる読書」に参加してくださるように、という招きです。それとともに、わたしたちの初期の姉妹たちが勇気をもってナザレの若き先生に従ったように、彼女たちといっしょに歩みましょう。見て聴きましょう。師は、あなたの名前を呼んでいます。

二〇〇五年二月十七日

厳律シトー会修道女　マルタ・ドリスコル

第一章　マリア

さて、六か月目に、み使いガブリエルが、神のもとから、ガリラヤのナザレという町の一人のおとめのもとに遣わされた。このおとめは、ダビデ家のヨセフという人のいいなずけで、名をマリアといった。み使いは彼女のもとに来て言った、「喜びなさい、恵まれた方よ。主はあなたとともにおられます」。この言葉にマリアは胸騒ぎがし、いったい、この挨拶は何のことだろうかと思い惑った。すると、み使いは言った、「恐れることはない、マリア。あなたは神の恵みを受けている。あなたは身籠って男の子を産む。その子をイエスと名づけなさい。その子は偉大な者となり、いと高き方の子と呼ばれる。神である主は、彼にその父ダビデの王座をお与えになる。彼はヤコブの家をとこしえに治め、その治世は限りなく続く」。マリアはみ使いに言った、「どうして、そのようなことがありえましょうか。わたしは男の人を知りませんのに」。み使いは答えた、「聖霊があなたに臨み、いと高き方の力があなたを覆う。それ故、生まれる子は聖なる者、神の子と呼ばれる。あなたの親戚エリサベトも、年老いていながら男の子を身籠っている。不妊の女と言われていたのに、はや六か月になっている。神には、何一つおできにならないことはない」。マリアは答えた、「わたしは主のはしためです。お言葉どおり、この身になりますように」。すると、み使いは彼女から離れ去った。（ルカ1・26―38）

みことばの花嫁

マリアは、ひざまずいて、肩から重い水がめを下ろし、顔と手を拭いて、腰を下ろした。小さな家は静かで誰もいなかった。母親は、友人の家で友人の娘の結婚式の準備を手伝っていた。ヨアキムはエルサレムにいた。母親は、あまりにも気がせいたので、自分の娘の結婚式の準備が始められなかった。けれどもマリアは、そんなに熱狂していなかった。ヨセフは立派な男だった。親切で、体も強く、善意にあふれていた。そのため娘たちは夫としてヨセフ以上の男はいないと考えていた。しかし、マリアは、心の中で、夫はいらないと思っていた。子どもの頃から、心から慕い、しんから愛する神に完全に身をささげていた。日夜、心には神が現存していた。神のことばは心の中で大切に蓄えられていた。

よちよち歩きの頃より、両親は、マリアを安息日にはいつもシナゴーグに連れて行った。もっとも熟達した朗読者の語調と音調で唱えられた聖句を、忘れることなく暗唱するマリアの能力に皆驚いた。彼女は、聖句が大好きだった。毎日の仕事を手伝いながら、母親の後について詩編を歌った。大好きな父親から、とても貴重な才能を受け取った。つまり、聖書の読み方を教わった。このようなことは、女の子には普通は与えられないことだった。そこでマリアは、毎日、何時間も聖書を読んで、そこに書かれている出来事を想像し、そのシンボルの隠れた美しさを見つけた。それは彼女にとってすべて詩であった。誠実な愛の契約によって、神の民にご自身を啓示し、その民をご自身のところに連れて行った神が書いた愛の詩だった。「わたしは、永遠にあなたと結婚すると約束する。公正と正義、そして揺らぐことのない愛によってあなたと結婚すると約束する」。彼女は、神の民と神の花嫁に対する神の愛の求愛のことばを何回も読んだ。しかし、神の民は、なんとわがままで、不誠実で、利己的であっただろうか。

マリアは、ことばの神秘が大好きになった。美しい一つひとつの文字やそのことばがもつ名前と特徴が大好きになった。神が万物を創造したとき、神の知恵が小躍りしたように、目の前の聖書の中のことばが小躍りした。ことばがいと高きお方の謙虚な奉仕者のように見えた。いつも神の考えを、神のメッセージを表し宣言しようと待ち構えている天使や使者のように見えた。それは、すべて不思議なことだった。神は、ことばによって、人間のことばによって、被造物と話し合うことがおできになった。しかし、主と人間との深い一致を正しく伝えていなかった。「ご自身の像と似姿によって、神は人間をお造りになった」ということばの意味はなんだったのだろうか。しかし、心から心へ、思いから思いへ、個人的に神と話し合うことができた。

子どもだったマリアは、目に飛び込んでくることばに夢中になり、ことばとたわむれながらいろいろと考えた。ことばを口に入れ、かみ砕き、味わい、そして丘の斜面に行って歌い、その歌声を頭の中で反響させた。指でことばの文字を書き、ことばの感触を受け取った。そして自分のやっていることに気づくことなく、少しずつ文字を書くことを覚えた。庭の地面が平らになるまでかるく踏み固め、そこに大好きなことばを書いた。わずかの特別なことばだった。小道に聖句を書いたり、やわらかい草原に小石でその文字を書いた。彼女は、まだ子どもにすぎなかった。それでもこうしたことばは、友であり、仲間だった。彼女の喜びであり、父であり、愛であり、約束された花婿である主の現存を感じ取り、見て味わい、そして触れながら成長していった。神が造られたものを心から喜び、神のみ名の栄光を賛美した。創造主の前で喜び輝いているたくさんの星に呼びかけた。夜明け前の東の空を眺めて、部屋から出てきて、空の端からもう一方の端まで走ってくる花婿のように登ってくる太陽を待っていた。夕方には、山々に色彩豊かな最後の色の輝きを見ようと待っていた。そして、両親といっしょに夕の祈りをするために走って帰ってきた。

マリアは十四歳になった。子どもの頃に婚約した熟練した職人をとても尊敬していたが、自分の身を神にささげたので、自分のすべてをヨセフに委ねることはできないと率直に伝えた。ヨセフは、若いおとめマリアから輝き出ている純粋な魂に心が奪われるほどうっとりとして、なんとなく分かったような気がした。そこで、マリアの側にいて、神へのひそかな奉献を守ることだけで幸せだと伝えた。小さな木片に彼女が大好きな聖句を刻んで、その木片を鏡のように光沢がでるまで磨いた。そしてそれを自分の誓いのしるしとして差し出した。

マリアは、低い椅子から立ち上がり、小さな自分の部屋に行った。その部屋は、いちばん好きな場所だった。そこにいると、神とだけいられるのであった。孤独のうちに神とともにいることを大切にしていた。手を高く上げて祈り、あこがれの気持ちにいっぱいになって、心を詩編に注いだ。「おお、主よ、み顔の光を向けてください。おお、神よ、わたしの神よ、あなたはわたしの神です。わたしがあこがれているのはあなたですから。わたしの魂が渇き求めているのはあなたですから」。あこがれを歌っている美しい雅歌のすばらしさに心が躍った。「あなたは最愛のお方。あなたの願いはわたしのために。神の左手はわたしの頭に、右手はわたしを抱いています」。

しかしマリアの祈りは自分のためだけではなかった。彼女の願いは、すべての民が神と一つになることだった。神は、民に新しい心を与えると約束していた。若い人にも老いた人にも同じように神の霊を送ってくださると約束していた。救世主を送ってくださると約束していた。毎日、村の中で、人間生活の日常的な体験である貧困、けんか口論、ごまかし、利己的な野心を目撃していた。彼らの心はなんと神から離れているのだろうか。彼らは、祈りたいからではなく、習慣から、社会的圧力からシナゴーグに行っていた。彼らは神を知らなかった。祈りは、賛美ではなく不平であった。自分たちを見捨てたことを、敵に対して恵みを与えたことを神に責め立てた。「おお、神よ、わたしの敵はいつまでわたしを迫害するのですか」。彼らの叫びは、助けを求める謙虚な願いではなく、神の誠実さや愛について、いや自分が生きていることにまで、疑う心を表したほとんど不作法とも言えるくらいのあざけりであった。ローマ人に対して怒るとき、支配者たちを非難するが、自分の犯した罪や不信心を忘れていた。救いは、地上の神の国であると思われなくなり、ローマから自由になるという政治的な解決だけになっていた。それがまるで平和と善をもたらすかのように考えていた。

マリアは、民のために神に心から大声で頼んだ。その願いは、アブラハムのすべての子どもの願いを、モーセに従うすべての人びとの願いを、主のすべての民の願いをかなえてくださることだった。約束されたお方が、イスラエルを救ってくださる主に仕えるお方が、主の道を教えてくださる平和の君が来てくださるように熱心に祈った。母親としての喜びを前もって体験することを喜んで神にささげた。それが、神が喜ばれる犠牲であり、イスラエルの民も祝福してくれると思ったからである。とくにエルサレムでは、多くの人が、救世主の誕生を祈り、新しい預言者の親になるという恵みをいただくために、身を清めて準備をしていた。

マリアは、また聖書に目を向けた。そこには、「おとめが身ごもって、男の子を産む。その名は、インマヌエルと呼ばれる」と書かれていた。おとめが子どもを産むとは。そんなことがありえるだろうか。その子は、いと高きお方が神とおとめの聖なる一致によって生まれたお方である。「おとめ」ということばは、夫に対してはじめて自分を与える、心と体が汚れのない、清らかな若い娘という意味である。これは、聖なる子を産むにふさわしい聖なる一致であった。「主よ、おことばどおりこの身になりますように。民を救うために、あなたの聖なるお方を送ってください」。

とつぜん、やさしいそよ風がマリアのほほに当たった。そして体全体を包んだ。マリアの気持ちは高まった。「マリアよ、あなたは選ばれた人です。先祖アブラハムの娘たちのなかで、もっとも清い人です。主は、好意をもってあなたをご覧になっておられます。あなたは、身ごもって男の子を産むでしょう。その子は、いと高きお方の子と呼ばれます。あなたが喜んで、受け入れるなら」。

その声は、マリアを包み、体の中に入ってくるように思えた。部屋は、やさしい光で満ちていた。驚いた彼女の心臓の鼓動で部屋中がいっぱいになっているようであった。

「どのようにしてですか。わたしには夫がいません」。

「神のお力によって、聖霊がその子を産んでくださいます。ほんとうに、その子は、あなたを愛する神の御子です。あなたは神に心を開きますか。神にあなたを委ねますか」。

マリアは、頭を深く下げた。そして、主に向かって顔を上げた。そして小さな声で言った。「どのようにしたら主である神に自分をささげることができますか。わたしは主のはしたためです。主のお望みのままになんでもしたいです」。

とつぜんやわらかい光が点滅したような感じがした。マリアは、自分の全存在が強い愛に包まれたと感じた。胸がいっぱいになり、大きく息をした。それから、自分を焼き尽くすかまどの火の中に入っていくような感じがした。それは一瞬のことだったのだろうか。それとも一時間ぐらいのことだったのだろうか。マリアには分からなかった。ふたたびやさしい風がほほに当たった。今度は、自分の中でもう一つの命が宿ったと分かった。深い喜びと驚嘆の気持ちが全身に浸透した。おそるおそるおなかに手を当て、聖櫃《せいひつ》をやさしく押しつけた。マリアは考えた。**わたしは神を宿した。神はわたしの中にいらっしゃる。主よ、わたしの体は、今やほんとうにあなたのものです。小さな神よ、大きくなってください。アーメン。アレルヤ。**神は、ご自分の民を訪れた。神はイスラエルを、ご自分の奉仕者を忘れておられなかった。

思いめぐらす

マリアは、幼い頃より神のみことばに満たされていた。彼女の喜びは、神のみ業や聖書の中に、神の現存のしるしを見つけることだった。探し、そして見つけた。耳を傾け、心は満たされた。利己心や傲慢という障害からだけでなく、人間を重く押しつけ、混乱させる罪の結果からも解放されていたので、神が望まれたように、人間の原初的な清らかな心をもって、現実のいろいろな姿を見て聴いた。あらゆるものが神について語っていた。

神から遠ざけるものは何もなかった。なぜなら、すべてのものは、神のうちにのみ価値があったからである。創造主は、被造物が生きていくうえでの根源的なものであり、目的地であると分かっていたので、マリアは幸せに満ちあふれていた。心が空になっていたので、聖なる場所になっていた。神と語り合うことによって、自由な人間として成長した。神から愛されているという意識に満たされて、自分がむなしい者であるという意識をもって、神に自分をささげた。神は、時のはじめからマリアを愛していた。あらゆるものにご自分の限りない愛を示すために、マリアを花嫁とした。イエスは、神とマリアの愛の一致の実りである。

わたしたちを守ってくださる神の霊よ、創造によって、啓示によって、イエスによって、教会によって、わたしたちの心を美しいみことばに向けてください、わたしたちの内なるあなたの神秘をいつも深く理解できるように、心と精神を導いてください。あなたの愛に完全に満たされるように、自分自身のすべてをおささげいたします。聖体というたまものによって、わたしたちが生ける神殿、肉となられたみことばの聖櫃になれますように。イエスがわたしたちの肉の働きによって、キリストの神秘体となりますように。わたしたちが大きく成長し、自分を人びとにささげることができますように。解放を待ち望んでいる世界に愛のみことばを運ぶことができますように。聖なるわたしたちの体と命のたまものを大切にできますように。命はあなたから来たものです。命はあなたのものです。

第二章　エリサベト

そのころ、マリアは旅立って、急いでユダの山地にある町に向かった。そしてザカリアの家に行き、エリサベトに挨拶した。エリサベトがマリアの挨拶を聞くと、胎内の子が躍り、エリサベトは聖霊に満たされて、声高らかに叫んで言った、「あなたは女の中で祝福された方。あなたの胎内の子も祝福されています。わたしの主の御母が、わたしのもとへおいでくださるとは、いったい、どうしたことでしょう。あなたの挨拶の声が、わたしの耳に入ったとき、胎内の子が喜び躍りました。主から告げられたことが成就すると信じた方は、ほんとうにお幸せなことです」。

そこでマリアは言った、

「わたしの魂は主を崇め、

わたしの霊は、

救い主である神に、喜び躍ります。（ルカ1・39—47）

神の家

エリサベトは、家の前の小さな庭の掃除が終わったら、背中が痛くなった。いつものように朝の仕事が終わり、水を飲もうと家の裏に行った。しばらく腰掛けて休んでから朝食の支度を始めた。これまで長い間、子どもが欲しいと願っていたが、今では、思っていたより体が重苦しくなっていた。もちろん年齢が関係していた。四十八歳で、すでに子どもを産む年齢を過ぎていた。これまでいつも、妊婦を見ると、この世でいちばん幸せで、もっとも美しい人だと思っていた。最初の数カ月は喜びを感じていた。でも今では、体の重苦しさに不安を感じていた。それでも、まだ六カ月しかたっていなかった。うまく持ちこたえることができるだろうか。いつもの仕事を続けることができるだろうか。それとも最後の数週間はベッドに横になっていなければならないのだろうか。家のことやザカリアの世話をしてくれる人がいるだろうか。

ザカリアは、この夏エルサレムから戻ってきてから、人との対応が少し困難になっていた。意志の疎通に煩わしさがあった。ほんのちょっとしたことでも、身ぶり手ぶり、または板に書いて伝えていた。板がいつもそばにあるとは限らなかった。しばしば自分に対しても、とくに自分が言いたいことをすぐに分かってくれないときのエリサベトに対してもいらいらして欲求不満になった。だんだん身ぶり手ぶりで伝えることが混乱してしまい、顔をそむけ涙を流すこともあった。そのようなとき、エリサベトは、すぐにザカリアに近寄って、目と目を合わせて優しく抱いた。すぐに二人の心は一つになった。これまでの長い間、試練や労苦のとき何回も繰り返してきたことだった。ザカリアは、悲しいと言う必要はなかった。ほっと息をつき、肩をすくめることでエリサベトの優しさに応えた。

しかし、ザカリアを悩ましているのは、意思疎通の困難ではなかった。その日、神殿の内陣で起きたことが心から離れなかった。彼は、心配になり、落ち着かなかった。エリサベトのために、いちばん良い羊皮紙に不安な気持ちを書き記した。それを驚嘆の念と泣き叫びたい気持ちで、畏敬の念と憂鬱な気持ちで何回も読みなおした。天使が現れたが、それにふさわしい人間だとは思えなかった。そのため天使のことばにしっかりと返答できなかった。いつも罪深い人間だと思っていた。エリサベトは、語られた神のことばがほんとうに成し遂げられたと言って、ザカリアを慰めようとした。おどろいたことにエリサベトは身ごもったのだった。ザカリアは、いつもより聖書を熱心に読み、そして祈ったが、不安で落ち着かなかった。

エリサベトが疲れ果てて、ザカリアの世話ができなくなったとしたら、気配りのきいた世話をする人が他にいるだろうか。エリサベトは、思いがけない神からのたまもののことを考えると、いつまでも不安な気持ちにとらわれてはいられなかった。単に子どもを身ごもったのではなく、神が介入して身ごもったのだ。生まれる前から、主の前に道を整えるために選ばれた特別な子どもになることに決まっていた。これは、その子が長い間待ち焦がれた救い主の来臨を告げ知らせることとなのだろうか。こんなにも神から愛されたエリサベトはどのような人だったのだろうか。彼女の感謝の気持ちは、なくなることがなかった。不名誉なことを受けることもなかった。理解できないほど恵みを受けていた。

最初はエリサベトも疑っていた。これはほんとうなのだろうか。こんなことがありえるだろうか。流産も心配していた。このことが間違っていると言われないように、この良き知らせを誰にも話さなかった。しかし、今や確信をもつようになった。つまり、これは、神のみ業であり、神は、自分と話し相手になってくれる小さな息子のヨハネを通して、神がお考えになったことを完成なさるという確信をもっていた。

ただ一つの心配は、ザカリアのことだった。

とつぜん、玄関で呼んでいる声が聞こえた。初めての声であったが、親しみのあるものだった。子どもの声のようでもあり、おとなの声でもあった。誰だか分からない女性の声に心が騒いだ。なんとも言いがたい喜びと力を感じた。さらに彼女の体全体に電気が走ったような感じがして、胎内の子がそれに反応したように思えた。椅子から立ち上がったが、すぐに息を止めて腰を下ろしてしまった。大きなおなかを両手でしっかりと押さえた。それは、おなかの子が危なくなるような動きをしないように、その子を落ち着かせるためであった。どうしたのだろうか。主よ、わが子を守ってください。

ふたたび声がした。今度はさらに親しい声だった。エリサベトは、声に驚いたかのように、すばやく立ち上がった。すぐに若い娘が部屋に入って来て、エリサベトの腕に飛び込み、笑顔でしがみついた。ナザレのいとこで、アンナの娘だった。なんと大きくなったのだろうか。何をしているのだろうか。どうしてここに来たのだろうか。また胎内の子が驚いて動いたように感じた。今度は腰を下ろさなかった。すぐにこの娘も身ごもっていると気がついた。娘は命にあふれていた。内側から輝き出ている命だった。命の源である命だった。こうしたことを直観的にはっきりと理解したので、自分でも考えられないような、想像もつかないようなことばで叫んだ。「あなたは、女の中で祝福された方です。胎内のお子さまも祝福されています。わたしの主のお母さまがわたしのところに来てくださるとは、どういうわけでしょう。あなたの挨拶のお声をわたしが耳にしたとき、胎内の子は喜んで躍りました。主がおっしゃったことは必ず実現すると信じた方は、なんと幸いでしょう」。

マリアは、エリサベトに抱擁されて安堵し、自分に何が起きたのか分かってくれたことで安心した。このとき、エリサベトは、腕の中で若いマリアの体がほとんど気力をなくし、疲れ果てていると感じた。マリアのことばでは言い表せない神秘を分かち合うことができると分かった。マリアは、この神秘のなかで独りではないと感じた。そこでエリサベトの胸から離れた。二週間の間独りでこらえていたすべての感情が爆発して、賛歌を唱えた。賛歌のことばとメロディーがどこから生まれてくるか分からなかったが、喜びの心を歌い上げた。ほとんど踊っていた。エリサベトもいっしょに踊った。二人は、心に宿っている愛を賛美して、一つになった。子どものように遊んだ。互いにおなかに手を置いて、こんなにもすばらしい喜びをもたらしてくれた二人の赤ん坊をかるくたたき、愛撫した。歌えなくなるまで、歌い続けた。

二人は、息が止まるほどの神秘に包まれて、意識を無くしたように黙って見つめ合った。ザカリアは、二人が歌っている間隠れていたが、歌が終わると静かに座って二人を見つめて、何が起こったのか見極めようとしていた。エリサベトとマリアは、ザカリアがいることに気づいていた。マリアは、立ち上がって優しく挨拶した。ザカリアが返事をしないことに驚き、どうしたのかという顔で、エリサベトのほうに振り向いた。「口がきけないのです」「このことは、わたしたちにとってとても大切なことなのです」とエリサベトは説明した。そして、ザカリアに向かって、マリアにあの大切な羊皮紙に書いたものを読んでやってもよいかと尋ねた。ザカリアは、なぜ神の天使のお告げを若いマリアに話してやるのか分からなかったが同意した。エリサベトは、羊皮紙の巻物を取って座り、読み始めた。マリアは、全身でこの驚くべき出来事を聴いた。エリサベトが読み終えると、マリアは、ザカリアのところに行き、ザカリアの心の奥底まで達した深い理解と思いやりの心をもってザカリアを抱擁した。「おじさまになされた約束は今成就されようとしています。心配しないでください。わたしたちは、いと高きお方の召し使いにすぎません。わたしたちが取るに足らない者にもかかわらず、そのお方は、偉大なことをなさいます。ご計画の一部になるようにわたしたちを選ばれたことに感謝するだけしかできません。完全でないからといって、ご自分を責めないでください。わたしも告げられたことばに最初は戸惑いました。おじさまには、しるしとして沈黙が与えられました。これは、神が決めた時まで、わたしたちが分かち合ってはならない秘密なのです。でも、今は、いっしょに喜び合いましょう」。

マリアは、二人の間に座り、大きく息をついた。そして自分にどんなことが起きたのかを静かに伝えた。そしてエリサベトも身ごもったことが、天使のことばがほんとうに真実であるというしるしであると伝えた。

エリサベトは、マリアの手を取った。二人は、驚嘆の念にとらわれて、何も言うことができなかった。ザカリアのしわだらけの顔とひげは、涙で濡れていた。真剣な顔つきをしたマリアのことばを聴いて、ザカリアは、悔恨の情と喜びと驚嘆の気持ちでいっぱいになった。そして自分が犯した過ちに気づいた。それは傲慢の罪であった。自分に起きたことを頭で理解しようとしていた。罪と失望の中でぐずぐずしていた。祈り、そして望んだことが実現されると願わずに、つまり、救世主の前触れの父になるように神から選ばれたことが実現されることを受け入れずに、自分のことばかり考えていた。なんと愚かな老人だったのだろうか。

マリアは、エリサベトにおだやかに話を続けた。「わたしがここに来たのは、他の人とは誰にも、いいなずけのヨセフにも話せないこの秘密をいっしょに分かち合うためでした。おばさまとおじさまが同じ孤独のうちに過ごしていると思ったからでした。おばさまは、あと何カ月か助けが必要だと思ったからです。お子さんが産まれるまでここにいたいと思います。どうぞここにいて手伝いをさせてください。そうすることは、わたしにとっても、うれしいことですし、おばさまからたくさんのことを学べますから。両親の許しを得ています」。

エリサベトは、自分の祈りが応えられたと思った。マリアは、ザカリアに平和をもたらした。ここにいて、エリサベトとザカリアを助けたいと思っている。マリアはいと高きお方の天使だと、エリサベトは思った。いや、いと高きお方の母だと思った。いと高きお方は、小さくなり、謙虚になって、このふつうの若い娘の胎内にいらっしゃるのだ。どうしたら、マリアは主に仕えるにふさわしい人になれるだろうか。また自分のほうが仕えなければならないお方から仕えられるにふさわしい人になれるだろうか。でもはっきりしていることは、すべては、主が望まれたことだった。主に仕える人は、すべてに仕えるようになると聖書には書かれていた。主は、御母が天の元后ではなく、仕えるおとめになることを望まれた。マリアは、他者に仕えることが神のみ心への王道であると世界に示すことになっていた。

とつぜん、エリサベトの口から小さな叫びにも似た声が出た。かつて父は、彼女をエリサベトと名付けてくれた。この名前は、神の家という意味だった。いつもこの名前の恵みを大切にしていた。今や、気づいたのだった。自分の家はほんとうに神の家になったのだと。エルサレムの神殿よりも確実なものだった。マリアがこの家に神を連れてきてくれたのだ。神は、もはや遠いお方でも恐ろしいお方でもなかった。神は、わたしたちの一人となられたのだ。わたしたちとともにおられるようになったのだ。わたしたちから不安や恐怖を取り除いてくれるようになったのだ。主が賛美されますように。

思いめぐらす

旧約聖書で燃え尽くす火として、つまり何びとも死ぬまでは見たり近づいたりできない、畏敬の念を起こさせる聖なるお方として描かれている全知全能の神が、小さな人間の胎児となられた。カーテンと香の煙に守られていた神殿の神は、つまり、大祭司が一年に一回しか入れない聖所の内なる神は、ごく普通の家に住まわれるようになった。ザカリアは、神殿で仕える大祭司の一人だった。しかし、いまやエリサベトが自分の家で神をもてなすようになった。主なる神は、ナザレのわびしい町のいとこである謙虚な母を通して、エリサベトの奉仕を受けた。すべてが変わり、あらゆるものがひっくり返った。この出来事を理解した人は、女性たちであった。

祈る

イエスさま、お生まれになる前から、あなたは、貧しい人と謙虚な人に御父の愛を示されました。あなたがわたしたちの普通の生活の中においでになっていると示されました。わたしたちが互いに愛し合い、助け合うとき、そこにいらっしゃると示されました。真の礼拝は、すべての人に現存している愛の神に謙虚に奉仕することによって、人に自分をささげることとなりました。あなたは、近くにおいでになりました。わたしたちに近いお方になりました。自分自身より近いお方になりました。もっとも小さな兄弟姉妹に隠れておられるあなたに対して目を開くことができますように。人があなたをわたしたちのところに連れて来てくれるのが分かるように助けてください。人に仕えることによって、とくに許しの奉仕によって、あなたとともにいることができる喜びを与えてください。重荷を背負っている人が、とくに罪の重荷を背負っている人があなたの理解といつくしみの愛を得られますように。あなたが遠いお方だと、悪いお方だと、いや存在しないお方だと思っているすべての人にあなたの希望を与えてください。

第三章　女預言者 アンナ

その時、エルサレムにシメオンという人がいた。この人は正しく敬虔な人で、イスラエルの慰められることを待ち望んでいた。また、聖霊が彼の上にあった。彼はまた、主が遣わすメシアを見るまでは決して死なないとの、聖霊のお告げを受けていた。彼は霊に導かれて神殿に入ると、律法の慣習に従って、両親が幼子イエスを連れてきた。シメオンはその子を抱きあげ、神をほめたたえて言った、

「主よ、今こそ、あなたはお言葉のとおり、
あなたの僕を、安らかに去らせてくださいます。
わたしはこの目で、あなたの救いを見たからです。
この救いは、あなたが万民の前に備えられたもの、
異邦人を照らす光、
あなたの民イスラエルの栄光です」。

さて、アシェル族のファヌエルの娘で、アンナという女預言者がいた。非常に年老いていて、若いころ嫁ぎ、七年間、夫と生活をともにしたが、やもめとなり、すでに八十四歳になっていた。彼女は神殿を離れず、昼も夜も、断食と祈りのうちに神に仕えていた。まさしくその時、彼女も近づいてきて、神をほめたたえ、エルサレムの贖いを待ち望んでいたすべての人に、幼子について語った。（ルカ2・25—32、36—38）

誠実という知恵

アンナは今八十四歳で、夫を亡くしてから六十七年間がたっていた。強健な人だけが八十歳代に到達することができた。アンナは、身体的にも霊的にも強健であった。多くの人が五十歳代で亡くなった時代では、長い生存は特別に祝福されたしるしだった。尊敬され、考えが聞き入れられるにふさわしい特別な知恵のしるしだった。

アンナは、自分のことを愛し大事にしてくれた立派な紳士と幸せな結婚をしたことで祝福されていた。しかし、夫はとつぜん体が麻痺《まひ》し、半年もたたないうちに体が衰弱する不思議な病で亡くなった。アンナは、夫が死ぬと分かったとき、ともに苦しんだ。そして神のみ手からの運命を受け入れた。最後の息を引き取るまで、夫とともにいて世話を続けた。末っ子は、夫が亡くなって二週間後に生まれた。離別の苦痛と、夫が見ることができなかった息子の養育の苦しさは、まもなくアンナの心の中で平和へと変わっていった。最愛の夫は生きている、そしてもはや苦しむこともないという確信が生まれた。この確信は、周りの人びとが計り知ることのできないひそかな喜びであった。若いときに、六歳にも満たない小さな三人の子どもたちとともに独りになった若きやもめを、人びとはあわれんだ。しかし、アンナは、悲嘆や孤独感に心をくじかれることはなかった。

アンナは、親類縁者に助けられて、どうにか生活し、子どもたちを落ち着いて育てることができた。「彼女には深い信仰があります」と人びとはよく言った。再婚話が何度かあったが、自分を待っていてくれると、よく言っていた亡くなった夫の愛に忠実であるほうを選んだ。子どもたちが結婚し、それぞれ安定した生活をはじめ、孫たちも自立できるようになったので、アンナは、心にあたためていた願望を具体的なものにし始めた。

アンナは長年、できるときは朝の祈りか夕の祈りをするために神殿に通っていた。主が住まわれる聖所でできるだけ長い時間を過ごしたいと思っていた。祈りをしているとき、安らぎの気持ちを心の底からおぼえた。主が現存しているという不思議な感覚のなかで、夫の愛を強く感じた。預言者たちが神の民へのイスラエルの切なる思いを語っていることばを聴き、そのことばが自分の長年の願望と一つになった。神は、イスラエルがご自分の花嫁であると言った。そしてまた、あわれみと愛によって大切にしようと神は切望していたのに、イスラエルがそれに応えない不誠実な妻であると言った。アンナは、民の頑固な心がやわらかくなり、憎しみが愛に、偶像崇拝が誠実な心に、疑いの心が信頼の心に変わるように、すべての民に聖霊が注がれるようにと叫んでいる預言者たちの声を聞いた。さらに、死後の命についても聞いた。アンナは、死後の命を確信するようになった。聖書を読めば読むほど、最愛の夫との交わりの体験が、民のあこがれの心と神のひそかなみ心を深く理解するように求められている前触れ、前兆、恵みだと、ますます確信するようになった。神は、新しいモーセを、神の奉仕者を、救い主を、ダビデの家の王を送ると約束していた。アンナの希望は、こうした約束のうちの一つだけに関係していた。大きな、普遍的な約束のほんの少しだけにかかわりたいと願っていた。だんだん理解する力が増してくるにつれて、希望や願望も深くなっていった。「主よ、急いで来てください。あなたの民イスラエルを救ってください」。しばしば、同じ希望を大切にしている小さなグループと出会った。そこで、アンナは、神の約束が果たされるように、朝も昼も夜も祈った。年をとるにつれて、いつも神殿にいるようになった。ついに神殿の中に寝泊まりするようになった。

アンナとその子どもたちは変な人だと思う人もいた。子どもたちは、あまりにも信心深い母親に少し困っていた。そして気が狂わないようにと願っていた。しかし、困ったとき助けてもらいたいと神にお願いするために神殿に行って、アンナと出会った人びとは、彼女が取り次ぎの祈りをすると約束をしてくれたときの、優しさにあふれたしわだらけの顔が輝いていたと言った。また、話す前にアンナのほうが先に自分たちの悩みを理解してくれたことに畏敬の念をもったと言う人もいた。大祭司も、アンナが聖なる女性で神に近い人だと思っていた。ときどき、大祭司たちは、自分たちの生活や家族のことなど神経を使う事柄について助言を得ようと、ひそかに彼女のもとを尋ねた。

アンナは、いつも神殿にいた。長年の友シメオンの姿を認めた。そのとき、シメオンは、若い夫婦から幼子を受け取って腕に抱いて、夫婦と話をしていた。いつも主を賛美するときは、そのようにして、賛歌を大きな声で唱えた。アンナは、シメオンの話が聞こえるくらいに静かに近づいた。シメオンの顔は輝いていた。ほほえみながらきれいな幼子をのぞき込んでいた。幼児の鼻にくっつくくらい自分の鼻を近づけた。幼児は、泣くことも騒ぐこともなかった。この老人が幼児を高く上げてから、もう一度喜びの目でその子を見つめたとき、その子は幸せそうに見えた。両親は、こうした光景を見て、またシメオンのことばを聞いて、驚いたように立っていた。若い母親は、シメオンのことばよりも、幼子のことを知っていたことに驚いたようであった。

アンナは、亡くなる前にキリストを見るというシメオンの信念のことを知っていた。アンナは、腕に抱いた幼子にシメオンがとても喜んでいる姿を見て息をのんだ。そして彼が言っていたことが分かった。アンナはシメオンの肩に触れた。シメオンは振り向いた。目は喜びの涙でうるんでいた。「ご覧なさい。約束されたお方ですよ」。この幼子は、わたしたちが待っていたお方だった。これは、神が誠実なお方であることを示していた。アンナは、幼子を胸に抱こうと、おそるおそる手を差し出した。シメオンは、優しくアンナの腕に幼子を預けた。幼子は、また別の見知らぬ人が抱いても泣かなかった。アンナの胸の中で安心しているようだった。アンナは、もう何十年も前に体験した平和な気持ちで心がいっぱいになった。今度は、それに加えて、今までに感じたこともない完全な喜びでいっぱいであった。幼子は、胸の中にいたが、心の中にいるように思えた。命と愛のまったく新しい体験だった。

アンナは、優しく幼子を若い母親に返し、小さな声で言った。「お名前はなんと言いますか」。マリアは、この女性がよけいなことを何も聞かないことに心を動かされ、信頼のほほえみで答えた。「イエスと言います」。アンナは、三人の姿が群衆の中で見えなくなるまで見送った。アンナとシメオンは、畏敬の念でいっぱいになっていたので、何も話すことができなかった。シメオンは、しわだらけの手でアンナの手をきつく握って、立ち去った。アンナも、ゆっくりと、しかもしっかりした足取りで、主に感謝するために立ち去った。「主は、おいでになった。主は、わたしたちの中においでになる。神があがめられますように」。

思いめぐらす

アンナと夫は、真の愛を通して、神の愛を体得した。なぜなら神は愛だからである。アンナは、最後までこの愛に従って、この真の愛が永遠であると悟った。愛は無くなることはない。つまり、神秘的なあり方で、夫はまだ生きている。イエスが亡くなり、死者のうちからよみがえる前であっても、アンナは、死後の命の真の姿と出会った。永遠の命の真の姿と出会った。そして永遠の愛とかかわるなかで、この命の真の姿と出会った。誠実な心をもってこの永遠の命と出会ったので、素直で教育も十分受けていないこの女性は、深い知恵に導かれた。自分に与えられた恵みの光ですべてを見たからだ。愛は永遠。だから、わたしたちも永遠に生きる。そのため、人間のすべての生活と命には、そしてその生活と命がかかわるすべてには、無限の価値がある。アンナは、預言者として知られている。それは、未来を語ったからではなく、神の誠実な愛の光によって、現在を読み取ったからである。預言者は、神が見るように見る人である。実在するすべてが、神が今ここにおられることを表していると見るなら、また苦しみや損失が神の愛のご計画の一部であると見るなら、わたしたちも預言者になれる。アンナとシメオンがこのような強いあこがれをもってキリストを待っていたのは、このためである。なぜなら神は、その日、次のように約束されたからである。

その後、わたしは、わたしの霊を
すべての人の上に注ごう。
お前たちの息子や娘は預言し、
老人たちは夢を見、若者たちは幻を見るだろう。

その日、わたしは、僕やはしための上にも
わたしの霊を注ごう。（ヨエル3・1―2）

祈る

主イエスさま、あなたは、飾り気のないごく普通の子として、わたしたちの中におられます。けれども、至る所で、すべての人のために、御父の限りない愛をもたらしています。あなたを喜んで受け入れることは、御父を受け入れることです。過去と現在と未来の御父の最愛の子らをすべて受け入れることです。あなたによって、わたしたちは、先に逝った人びとと結ばれて、イスラエルの神殿がシンボルである御父の家の神秘の中へと入って行きます。わたしたちにもアンナの単純な心を分けてください。そうすれば、自己奉献を妨げている死と離別の恐怖をもたずに、わたしたちを愛する人を心の底から愛せるでしょう。

愛は永遠です。愛には苦しみが伴います。けれども、愛は、あなたの霊をわたしたちに注いでくださいます。そうすれば、希望という知恵によって、苦しみや死さえも受け入れることができます。日常の普通の生活にあなたが現存しておられることが分かる預言者になれるように、あなたの霊を送ってください。

第四章　ペトロのしゅうとめ

それから、イエスはペトロの家に入り、彼の姑が熱を出して寝込んでいるのをご覧になった。そこで、イエスがその手にお触れになると、熱が引き、姑は起き上がって、イエスをもてなした。（マタイ8・14—15、参照マルコ1・31、ルカ4・38—39）

仕えることを学ぶ

ペトロは、漁の仕事のために妻とともにベトサイダに移った。カファルナウムは活気のある町だった。出世したいと望んでいる人の町だった。ペトロの家は、兄弟の家族でいっぱいであった。けれども、妻の家族の家には、母親の他には誰もいなかった。母親は、一人の娘の他には息子のいないやもめだった。しゅうとめの彼女は、娘夫婦を歓迎した。しかし、ペトロがイエスと出会ってから、状況がだんだん悪くなってきて、この数週間のうちに事態が決定的に悪くなってきた。

しゅうとめは、誰の目にも分かるくらい精神が錯乱していた。ペトロは、船を捨て、家庭も捨てて、ナザレの不思議な人についていった。やもめの母親はどうなるのだろうか。ペトロは、ほとんど帰ってこなかったし、帰ってくるときは、イエスやたくさんの仲間を連れてきた。彼らは、夜遅くまで話していた。近隣の人たちから不平を言われていた。ペトロは、夫としての責任を完全に忘れ放棄していたようだった。そのうえ男の子のいない妻を捨てるようなことがあれば、かつて母親が受けたと同じ辱めを受けることになるだろう。息子のいない女性は、なんの身分も信頼もなく、見捨てられた人になるだけだった。

イエスは、小さな部屋の簡単なベッドで寝た。迷惑をかけたり、問題を起こすことはしなかった。持っているものはほとんどなかった。でも不平は言わなかった。出されるものはなんでも食べた。眠る時間も少なかった。イエスが寝ているかどうか確かめようと、しゅうとめが朝早くカーテン越しにそっとのぞくと、しばしばその部屋にはいなかった。イエスは、ペトロとその仲間たちの他にはほとんど誰とも話さなかった。彼らの話は、いつも好奇心をそそられるものだった。しゅうとめと娘は、しばしば裏手の台所から立ち聞きした。ペトロがイエスといっしょにいたいと望んだのは必ずしも悪くはなかった。しかし、安息日に、神や人生の意味についての話をするためには時間と場所が必要だった。日常生活には、身を入れてやらなければならない大切なことがあった。しゅうとめは、はっきりと心の内を打ち明け、分別を取り戻そうとしたことがあった。ペトロは、話し合うこともしないで、しゅうとめを無視した。そして「心配することはない。お前さんのような女に何が分かるんだ。かまわんでくれ」と言った。

イエスが家に帰ってくると、いつもしゅうとめは、神経がいらだった。客人をもてなすことは、宗教的な義務だった。でもイエスが家族の生活を混乱に陥れていることをどうしたらイエスに分からせることができるだろうか。それでもしゅうとめは、自分の気持ちのことは考えずに、昔から教えられていたように、人さまの前ではいつもほほえんでいなければならないという教訓を守って、イエスを歓迎し、イエスに仕えた。イエスは、彼女の気持ちがよく分かっていた。沈黙のうちに、その気持ちを大切にした。

しゅうとめは、きゅうに病気になった。たいしたことはない、と思った。そこでいつものように日常の仕事を続けた。よく知られている昔からの治療法をすべてやっても熱は下がらなかった。それどころか、ますます悪くなる一方だった。ある日、とうとうベッドから起き上がれなくなった。これは、客人のいる家をいつもきりもりしていた気丈な女性にとって、たいへん苦しいことだった。その日は、みんなイエスといっしょに山の方へ行っていた。近くの町々から群衆が集まっていた。ペトロは、みんなのための夕食のことを考えながら数十人の人といっしょに家に戻ってくるところだった。ペトロの妻は、客人のために食事の準備をしていた。しゅうとめは、ベッドから起き上がることもできず、横になったままで、恥じ入りそうに、ときどきいろいろと指示をしていた。熱があるために、彼女のことばがかえって状況を混乱させていたが、体力がなくなり、ついに黙ってしまった。彼女は、疲れ果てた心で祈った。「主よ、どうぞイエスを来た所へ、ナザレへ戻してください」。

外で騒ぐ音が聞こえた。みんな帰ってきたのだった。しゅうとめは目を閉じた。頭がずきずきしていた。顔を出さないので誰かが来るのではないかと心配した。これ以上恥ずかしいところを見せたくなかった。娘には誰にも何も言うなと言っておいたが、ペトロは、どこか悪いのではないかと気になった。夕食の支度がまだできていないので心配になったが、しゅうとめのいる部屋に入らなかった。目を閉じていたしゅうとめは、とつぜんイエスがベッドの横にいることが分かった。でも目を開けようとしなかった。イエスは、自分が眠っていると思うだろう。だから静かに出て行くだろうと思った。しかし、イエスは、静かにわら布団の端に座った。しゅうとめの鼓動が早くなった。全身に温かい波が通り抜けたように感じた。熱の熱さとはまったく違っていた。イエスは、彼女の額に手を置いた。新鮮な冷たさが全身を包んだ。それは深い井戸からくみ上げた水のようだった。頭の中が落ち着いてきた。恥ずかしい気持ちが消えていった。怒りの気持ちもなくなった。

熱が下がった。イエスもしゅうとめもひと言もしゃべらなかった。しゅうとめは、イエスから出てきた新しく生きる力が自分の中に入ってくるのを感じた。目を開けた。イエスのまなざしに出会った。かたわらに座っているイエスの中に力の源を感じた。しゅうとめはイエスの目をじっと見つめた。今度は、しゅうとめのまなざしがイエスの心の中に入っていった。この沈黙の出会いによって、彼女の生活は変わった。これは、イエスとしゅうとめの相互交換の出会いであった。相互認識の出会いであった。相互尊敬の出会いであった。なんとも言えない幸せな気持ちがしゅうとめの心に満ちあふれた。全身が愛と信頼の力でいっぱいになった。立ち上がろうとするしゅうとめをイエスは手助けした。二人の強いまなざしは、だんだんと普通の状態に戻っていった。しゅうとめは、起き上がって、イエスに仕えた。それからは、イエスが彼女に与えた新しい愛の力を持って生涯イエスに仕えた。その夜、人びとは、この家がイエスによって状況が変わったことに気づいた。しゅうとめの家は、奉仕の中心になった。癒やしの家になった。しゅうとめは、生きる意味を見つけた。それは、子どもや財産を持つこととは無関係なことだった。ただ愛に仕えるということだった。

思いめぐらす

イエスは、黙ってやってくる。そして黙ってわたしたちに仕えている。いつも理解と思いやりの心でそばに座っている。忠告することも、弁明することもなく、ご自分の愛の新しい力を与えている。わたしたちは、ただ目を開けて、自分の弱さと混乱した心を見さえすれば、自分がかかえている問題の解決をイエスが手助けしてくれる。イエスはいつも信頼するように招いている。

祈る

イエスさま、わたしの家に来てください。ベッドのそばに来てください。わたしの手に触れて、起き上がれるように手助けしてください。いろいろな心配事や、恥ずべきこと、また弱さを乗り越えられるように助けてください。心と体の病気が離れ去り、あなたのみ手に支えられて、上を向いて立てるように、すべての病気をしずめてください。あなたの目を見て、あなたの深い愛と思いやりを感じられるようにしてください。そしてわたしの家にとどまってくださいい。人びとがわたしの家に来て、あなたと出会い、あなたに癒やされますように。あなたの救いの愛を求めて、感謝の気持ちが心と口から流れ出ますように。わたしのあらゆる行動があなたを賛美する歌となりますように。あなたから仕えられる体験をし、そこから、人に仕えることを学んだことを感謝いたします。

第五章　出血症の女

その中に、十二年もの間、出血病を患っている女がいた。この女は多くの医者にかかって、かえってひどく苦しめられ、自分の持ち物をことごとく使い果たしたが、何の甲斐もなく、病はますますひどくなるばかりであった。イエスのことを聞いた彼女は、群衆に交じり、後ろのほうからイエスの衣に触れた。イエスの衣にさえ触れることができれば、救われるに違いないと思っていたからである。すると、立ちどころに血の源が乾いて、病気が治ったことを体に感じた。イエスもまたすぐに、ご自分の中から力の出ていったことに気づいて、群衆のほうを振り返り、「わたしの衣に触れたのは誰か」と仰せになった。そこで弟子たちは言った、「ご覧のとおり、群衆があなたの周りに群がっています。それなのに『わたしに触れたのは誰か』とおっしゃるのですか」。しかし、イエスは、ご自分に触れた者を見ようとして、辺りを見回された。すると、彼女は自分に起こったことを知り、恐れおののきながら進み出て、イエスのもとにひれ伏し、すべてをありのままに申しあげた。そこでイエスは仰せになった、「娘よ、あなたの信仰があなたを救った。安心して行きなさい。もうこの病気に悩むことはない」。（マルコ5・25―34、参照マタイ9・20―22、ルカ8・43―48）

信仰の勇気

イエスは、騒がしい群衆に押されたり、ぶつかったりしていた。多くの人びとで息がつまりそうだった。不快な体温になり、ほこりまみれになり、汗まみれになり、汚れていた。人びとの自分のことしかかまわない感情のために、好奇心の対象となって、群衆に引っぱられているようだった。忍耐しながら、苦しみながら、乱暴に扱われながら、押しつぶされそうになりながら歩き続けた。身を守るものもなく、守ってくれる人もいなかった。まったく無防備だった。やがて十字架へと通じている愛の受難だった。

その中に十二年の間、出血症で苦しんでいる女性がいた。この状態を想像してみよう。やせて、弱々しく、貧血のため元気がなかった。皆その女性をのけ者にして、不潔だと言って遠ざけていた。女性であるために、苦しめられていた。罪悪感と恥ずかしさでいっぱいになり、自尊心も無くしていた。医者にかかったとき、どんなに苦しんだだろうか。いろいろな検査を受けて、恥ずかしさで当惑するばかりであった。乱暴に陰部を触られた。きっと治療とは言えない処置に、そしておそらく性的暴行に耐えたことであろう。軽蔑や不快な誘いの対象であった。ひと言で言えば、不潔であった。

その女性は、そんなにも貧しくはなかったであろう。なぜなら、治療のために一人以上の医者に行くことができたからである。しかし、今やお金は使い果たしていた。病状はよくなるどころか、ますます悪くなるばかりであった。しかし、生きたいという気持ちがあった。もう一度試してみようと思う勇気が残っていた。治るかもしれないという希望があった。治してもらいたいという希望をもって、群衆をかき分け、イエスに近づこうともがいた。

おそらく長い間、病気と辱めにあっていたために、神へと、聖書へと向かったのであろう。苦しみのために、気力を無くしたり、失望したりすることもなく、かえって精神を清めたのであろう。神のあわれみを見いだしたのであろう。永遠に誠実であるイスラエルの神を、貧しい人を、病気の人を、圧迫されている人を守る神を見いだしたのであろう。聖書を大切にし、神を求め、約束された救世主を希望のうちに待ち望むようになったのであろう。苦しむイエスの愛を見たのであろう。そのため、「後ろからイエスの服に触れた」のは、病気を治してもらおうと破れかぶれになった、まったく利己的な願いからではなく、神の力をいただきたいという願望からであった。

「この方の服にでも触れれば、癒やしていただける」。

彼女は、後ろから近づいた。気づいてもらいたくなかったのだ。人目をひきたくなかったのだ。出会いを待っていたわけでもなかった。ただ単純にイエスの内なる神の力をいただきたかった。しかし、見つけられてしまった。信仰によって触れるだけで、イエスの内から神の力が出ていったことが、イエスには分かっていた。それは、神に対する尊敬と畏敬の念、そして恐れに満ちた接触だった。また大胆な行為でもあった。神の現存を、神の御子の神秘を確認した接触であった。神の力がイエスの人間的な意志や意識とは無関係に現れた神の力だったように思われる。でもイエスは、気づかれた。そこで立ち止まって、振り向いて、問いかけた。

彼女は、誰にも気づかれないで、イエスに触れることができると考えた。人目にさらされたくなかった。でも大胆に出た。しかし、恥ずかしさや恐ろしさがなくなったわけでもなかった。律法から見れば汚れていた。イエスの足元にくずれ落ち、人びとの前で、なぜイエスの服に触れたのか、そして心が満たされていない状態や呪われている状態が治ったことを話した。

「娘よ」。イエスは、万物の創造主である御父のみ心から話しかけた。イエスの愛の苦しみは、女性の信仰の苦しみと出会った。彼女は、病気のために、すべての見捨てられた人の苦しみ、社会的傷や辱めを耐え忍んでいた。これは神の神秘であった。イエスは、彼女のみじめな境遇ではなく、彼女の尊厳について話された。彼女の心の中に自分がいると分かり、娘よ、と呼んだ。彼女は、霊的にイエスの娘になった。神の家族の一人となった。

娘よ、勇気を出しなさい。人から軽蔑されても、無視されても、あなたの尊厳を信じて生きなさい。平和のうちに行きなさい。あなたは、もう受け入れられた。あなたの苦痛と悲嘆は終わった。これからは、女性は、汚れた者と見られることはない。女性は、呪われていない。女性の尊厳は、健康や女らしさにあるのではなく、神に心を開いていることにかかっている。あなたの苦痛を通して、あなたは、神に心が開かれる。

思いめぐらす

理解されないことにより、心遣いをされないことにより、あけすけに軽蔑されることにより、一人きりでいる病人は、孤立した絶望感に襲われる。苦しんでいる人や病気の人を見ると、不安になったり、恐ろしくなったり、狼狽《ろうばい》したりする。また体のどこかが痛くなることもある。そうした状態を避けるのは、自分も危険な状態になるかもしれないと心配するからだ。つまり、わたしたちも弱い人間なのだ。病気になりやすいのだ。虚弱な体で、死に向かっているからだ。死からはまぬがれないと考えたくないのだ。そういうわけで、死を思いおこさせるような人を避けるのだ。伝染病、体の外観を損なうような病気、性的な病気は、その他の病気よりも強い嫌悪感を引き起こす。

イスラエルでは他の伝統的な社会と同じように、月経は、汚れた病気であると考えられていた。血液に触れると汚染するという恐怖感の背後には、命、死、性の神秘への恐怖がある。この恐怖感には尊敬の念が含まれているが、その尊敬の念は、回避、拒否、排除へと墜ちていく。この「病気」はしばしば、そして普通に起きるものであるから、女性は、一般に汚れていると考えられていた。現代科学はこうした見方を変えた。現代の女性は、この過去の差別感を受け入れない。それどころか、女性の人間性の神秘、体の神秘、弱さの神秘を前にして、畏敬と尊厳の念を再発見している。しかし、病人や身体的・精神的障害者を避けることが、まだ現代社会の一部となっている。病気の人や障害者の状態がどのようなものであれ、わたしたちがそうした人びととかかわり合っていないことで、今でも人びとに恥ずかしい気持ちを起こさせている。

祈る

イエスさま、何百年にもわたって、月経のために、女性は、辱められ、苦痛を受け、恥ずかしい思いをしてきました。わたしたちすべてが出血症の女性のような信仰を持っているとはかぎりません。神を非難する人もいます。女として生まれたことに憤慨している人もいます。主よ、わたしたちを癒やしてください。わたしたちが体験する苦しみや辱めが、希望と信仰を生みだしますように。自分の永遠の尊厳を発見する場を与えてくださいますように。つまり、あなたの像を示してくださいますように。待望している愛のまなざしを人びとに示して、あなたの愛のメッセージを彼らにもたらすことができますように。あなたの娘たちに勇気を与えてください。わたしたちが平和のうちに進んでいける信仰を与えてください。

第六章　ヤイロの娘

さて、イエスが帰ってこられると、群衆は喜んで出迎えた。みなイエスを待ちわびていたのである。そこへ、会堂司であるヤイロという人が来て、イエスの足元にひれ伏し、自分の家に来てくださるように願った。十二歳ぐらいになる彼の一人娘が、死にかけていたからである。そこで、イエスがそこに向かわれると、群衆が周りに押し寄せて来た。

イエスがなおも話しておられると、会堂司のもとから人が来て言った、「お嬢さまは亡くなられました。このうえ、先生を煩わすことはないでしょう」。イエスはこれを聞いて、会堂司に仰せになった。「恐れることはない。ただ信じなさい。そうすれば、娘は救われる」。そして、その家に着くと、イエスはペトロ、ヨハネ、ヤコブと、少女の父と母のほかは、誰も入ることをお許しにならなかった。人々はみな少女のために泣き悲しんでいた。イエスは仰せになった、「泣くことはない。娘は死んだのではない。眠っているのだ」。少女が死んだことを知っていた人々は、イエスをあざ笑った。しかし、イエスは少女の手

を取り、呼びかけて、「子供よ、起きなさい」と仰せになった。すると、その霊が戻り、少女はただちに起き上がった。イエスは、少女に食べ物を与えるように指図された。両親は非常に驚いた。しかし、イエスはこのことを誰にも言わないように、両親にお命じになった。（ルカ8・40—42、49—56、参照マルコ5・21—23、マタイ9・18—26）

命へとよみがえる

マタイによれば、娘は死んでいた。ヤイロは、イエスのところに来て娘をよみがえらせてくださいと頼んだ。マルコとルカの記述は、ありえる話だ。マルコは、娘が死にそうだとたんたんと述べている。ルカは、その女性が十二歳になるヤイロの一人娘で死にかけていると具体的に述べている。イエスがまだ出血症の女性と（「娘よ、あなたの信仰があなたを救った」）話しをしているときに、会堂長の家から人が来て、ヤイロに言った。「お嬢さんは亡くなりました。この上、先生を煩わすことはありません。遅すぎました。もう治りません。先生にお帰りになるように言ってください」。ヤイロは同意した。イエスをこれ以上煩わせる理由はなかった。出血症の女性は、まだこの場にいて、この話を聞いたであろう。ヤイロの心の中にどんな思いが走っただろうか。悲しみのほかに、非難の気持ちもあったであろう。あの女が遅くさせたのだ。これはあの女のせいだ。

イエスのことばには、悲しみも慰めもない。「恐れることはない。ただ信じなさい。そうすれば、娘は救われる」。ヤイロは恐れたのだろうか。死の知らせは、ふつう希望を終わらせると同じように、恐れも終わらせる。恐れていたことがすでに起こってしまったからである。ヤイロは、悲しんで一人で家に帰ることになったであろう。しかし、イエスは、会堂長より先に歩き出した。彼は希望をもった。それはどんな希望だったのだろうか。死の知らせが間違っていた、と思ったのだろうか。驚きと混乱した気持ちでイエスの後に従った。

一人娘への父親の愛がある。この世には、女性に対する差別感があるが、娘への父親の優しい愛の奇跡もある。父親の愛がヤイロをイエスのもとに走らせた。会堂長は、人びとの批判をものともしないで、ファリサイ派の人や律法の専門家から認められていない男、異端的な教師に助けを求めた。ヤイロの頭より心のほうが勝ったのだ。警戒心は捨ててしまった。支配者から叱責されることよりも、娘の命のほうが大切だった。娘は十二歳だった。子どもではないが、まだ女性とは言えなかった。思春期の女の子、子どもを産むという神秘が始まろうとしている頃の女の子は、繊細な心をもった父親には、とてもかわいい存在である。この頃の女性は、おそらく婚約をしていたであろう。昔からの喜ばしい結婚の計画や夢は、病気のために壊された。今あるのは死だけだ。イエスは、最愛の娘の命のために、危険を冒し身を低くし、悲しみに打ちひしがれた父親の姿の中に御父のみ心を認めたにちがいない。

イエスは、ヤイロの愛を見て、心を動かされ、群衆とほとんどの弟子たちを残して、ヤイロといっしょに家に急いだ。あわれみの心がせき立てた。子どもを見て、イエスは、死んでいるのではなく眠っているのだと言った。喪中見舞いに来た人びとが笑ったので、彼らを追い出した。イエスは、しるしを行おうとしているのではなかった。人びとに今起きていることを知られたくなかった。父親のために最愛の娘をよみがえらせただけだった。神の力がイエスから出て、娘が癒やされたことが分かって、イエスは、御父にとって、娘を眠りから目覚めさせることがもっとも自然なことだと確信した。もちろん、娘にとっては奇跡だった。父親と母親にとってはなおさらのことだった。娘は、立ち上がり、ダンスをした。事柄をほんとうに理解したのは、両親と友人だけだった。娘もよく分からなかった。イエスは、黙っているように言った。しかし、話は広がっていった。間違っていたのだ。娘は死んでいなかったのだ。眠っていたのだ。昏睡状態みたいなものだったのだ。「何か食べ物を与えなさい」。この簡単なことばの意味は単純である。つまり、親は自分の仕事を続けなさい。子どもの命を育て守りなさい、である。

思いめぐらす

イエスは、話が広がらないようにと思っていた。よくあることだが、生活を変えるような、美しい、すばらしい、生気を与える出来事は、有名にならないものである。こうした出来事は、秘密のうちに起こる。あまりにも貴重なので、公にならない。家族関係も同じである。暴力はニュースになる。愛はめったにならない。父親が子どもをなぐり、娘を虐待し、家族を放棄したことは耳にする。自分の家の中で、自分が住んでいる環境の中で、わたしたち一人ひとりがその証人になる必要があるのはこのためである。良い知らせは、個人的な接触があることで広がる。近隣の人びとは、たしかに娘に対するヤイロの愛について知っていた。みんな、娘の死が近いと分かっていた。みんなイエスが来てくれれば、すべてが変わると分かっていた。この知らせは、たしかに広がっていた。イエスのことばにしたがって、ヤイロと妻がこのたいへんな出来事について黙っていたら、おそらく人びとは、娘のために、ヤイロ夫婦の願いを尊重し、娘は、世間の注目の的にならなかったであろう。しかし、ヤイロが見て、それを話したことは、一家の生活を変えてしまった。イエスがどのようなお方なのかと分かって、畏敬の念でいっぱいになった。良い知らせがわたしたちの生活を変える出来事になるとき、その知らせを屋根の上から叫ばなければならない。

祈る

イエスさま、父親の心は、自分の娘のうっとりするような美しさを前にして、しばしばとけてしまいます。娘と妻の中の女性の神秘に対して、父親のすべての心の中に愛と尊敬と優しさが満ちあふれますように。父親が彼女たちの永遠の、侵害を許さない、人としての尊厳を識別できますように。男たちが心をあなたに向けて開くことができるように、娘と妻が愛の懸け橋となりますように。

第七章　カナンの女

イエスはそこを去って、ティルスとシドンの地方に退かれた。するとそこへ、その地方生まれのカナン人の女が現れて、叫んだ、「主よ、ダビデの子よ、わたしを憐れんでください。娘が悪霊に憑かれて、ひどく苦しめられています」。しかし、イエスは一言もお答えにならなかった。弟子たちがイエスに近寄ってきて願った、「この女を追い返してください。後ろで、叫び続けています」。イエスは、「わたしはイスラエルの家の失われた羊のためにしか遣わされていない」とお答えになった。しかし、女はイエスのもとに来て、ひれ伏して、「主よ、わたしをお助けください」と言った。すると、イエスは「子供のパンを取り上げ、子犬に投げ与えるのは、よいことではない」とお答えになった。しかし彼女は言った、「主よ、ごもっともです。しかし、子犬も主人の食卓から落ちるパン屑を食べます」。その時、イエスは仰せになった、「婦人よ、あなたの信仰は立派だ。あなたの望みどおりになるように」。娘はただちに癒やされた。（マタイ15・21―28、参照マルコ7・24―30）

わたしの子どもの命のために

とても強い女性である。子どもの命、健康、幸せのために闘う女性である。いつでも叫び、人目につこうとする。必要ならば、子どもを悪霊から解き放ってくれる少しの恵みでも、犬が食べる食卓の下からでも取ろうとする。彼女はアブラハムの娘ではない。異邦人である。おそらく自分の信じる信仰とは違う宗教のことは多くを知らなかったであろう。けれどもイエスとイエスの権能については耳にしていた。そこで、必要としているものを手に入れようと決めた。彼女は、「ダビデの子」と、イエスのことを正しく呼ぶことを知っていた。

娘は悪霊に取りつかれていた。その兆候は、「悪霊にひどく苦しめられていること」だった。精神に障害があったのだろうか。てんかんのようなものだったのだろうか。みだらなことを言ったりしたりしていたのだろうか。悪事を働いていたのだろうか。いずれにせよ、母親は、悪霊と悪魔の影響のことを知っていた。「わたしをあわれんでください」と、娘が悪魔から解き放たれることを望んでいた。

娘と母親のどちらのほうが、より苦しんだのだろうか。悪霊に取りつかれて苦しんでいたのは、娘のほうだろうか。それとも母親のほうだろうか。母親は、悪霊から解放されることを知っていたが、悪霊から解放する能力などなかった。この権能が人間の能力を超えたものだと知っていた。母親は、神か、預言者か、奇跡を働く人が欲しかった。そこで、イエスの後を追って、「ダビデの子よ、わたしをあわれんでください」と叫んだ。答えがなかった。叫び続けた。弟子たちは当惑した。困った。母親を止めさせるために何もできなかった。弟子たちは、母親を追い払ってくれるように頼んだ。まさに、うるさいやものたとえ話の裁判官のようだった。それでもイエスは動かなかった。彼女を冷たくつき放していた。イエスは、ほんとうに異邦人を助けたくなかったのだろうか。母親の信仰と決意を試していたのだろうか。イエスは、疲れていたのかもしれない。他のことを考えていたのかもしれない。事実、そのときイエスは、人知れず独りになりたいと思っていた。群衆から逃れたかった。考え、そして祈る時が必要だった。でもここにイエスを追い回している女がいた。まったくいつまでもついてきて、食べ物を願う犬のようだった。

聖書注解者は、イエスがご自分の召命を識別する時だった、と言っている。イエスは、イスラエルだけに送られたと、ほんとうに信じていた。そのため異邦人の中で説教したり、奇跡を働いたりしようとしなかった。イエスは、ほんとうに心の問題と直面していたのかもしれない。この母親を助けることは、遠い問題だったのかもしれない。カナで聖母マリアが結婚式を挙げたばかりの二人を助けてくれるように、とつぜんイエスに頼んだときと同じような決心の時だった。決意するために慎重に考えなければならない問題だった。イエスは、この母親についてよく考えた。イエスは、有能で謙虚な母親の態度に心を動かされ決心した。イエスは、母親をほめた。さらに、彼女を愛した。イエスは、心から叫んだ。「婦人よ、あなたの信仰は立派だ。喜んで家に帰りなさい。あなたの願いは聞き届けられた。悪霊は、娘から立ち去った」。

女性の信仰が娘を救った。おそらく同じように暗闇の時にいたイエスを、彼女の信仰が強めた。イエスは、人びとのもとから離れ、しばらく独りになることを忘れたようだった。イエスは、向きを変えて、ガリラヤの海に向かった。この母親の謙虚な態度によって、元気を回復し、子どもを救うことを決心したのだった。

思いめぐらす

ふつう、欲しくなると、それを手に入れたくなる。手に入らないと、いらいらして、がっかりして、怒り出す。理不尽に取り扱われたと思う。そして自分の要求を認めてくれなかった人を非難する。おそらく、ムッとして、プライドを傷つけられたという思いで、その場を立ち去る。自分の要求を認めなかった人には頼まなくなる。もしかしたら、自分を少しは認めてくれる人を探そうとするかもしれない。または、自分を不正な行為の犠牲者と思って、欲しいものをあきらめるかもしれない。とても傲慢で利己的な人間になるかもしれない。しかし、母の心は、どんな犠牲を払っても、けっしてあきらめない心である。人に命を与えたいという気持ちをもっている心である。無私無欲の利他主義、真の愛への道である。気持ちが人の幸せに向かうとき、自分のことを忘れることができる。拒絶されたり、侮辱されたりすることを耐え忍び、辛抱強く一見不可能な障害と思えるものに打ち勝つことができる。

祈る

イエスさま、母の心を与えてください。人の命を大切にできますように。そうすれば、自分のこと、自分の誇りなど忘れることができます。人が生き、悪から救われるように、忍耐する心を与えてください。イエスさま、強い決意と取り次ぎのたまものを与えてください。そうすれば、この世は、悪霊に苦しめられることがなくなります。人間があなたの恵みによって教え導かれ、悪ではなく善を選べるようになります。地上の貪欲で、利己的な顔が愛の聖霊によって新しくなりますように。あなたをしっかりと信頼できますように。あなたには、わたしたちを救い出す力とみ心があります。この世の状態に落胆しておじけづかないように助けてください。たとえご返事がとても遅くなっても、耳を傾け、働いてくださることを疑わないいつよい祈りを続けることができるように助けてください。あなたが人に頼まれ、それをなさりたいという思いは神秘です。あなたは、わたしたちの信頼と信仰を待っておられます。

第八章　ヤコブとヨハネの母、サロメ

その時、ゼベダイの子らの母が、その子らと一緒にイエスのもとに来て、ひれ伏し、何かを願おうとした。イエスが彼女に、「何が望みなのか」と仰せになると、彼女は言った、「わたしのこの二人の子が、あなたの国で、一人はあなたの右に、一人は左に着くように、お言葉をください」。イエスは答えて仰せになった、「あなた方は自分が何を願っているのか、分かっていない。わたしが飲もうとしている杯を飲むことができるか」。すると、二人は答えた、「できます」。イエスは仰せになった、「あなた方は確かにわたしの杯を飲むであろう。しかし、わたしの右と左の席に着くのは、わたしが許すことではない。それは、わたしの父から定められた人々のものである」。（マタイ20・20―23、参照マルコ10・35―40）

霊的な母親

もう一人の母親がいる。その母親は、信心生活の中でひたむきに、息子たちにとって善なるもの、息子たちへの大きな望みに熱心であった。二人の息子は、母親に頼んだのだろうか。マルコは、使徒である二人の息子自身に望みを言わせているが、マタイは、息子に言わせることにちゅうちょしたのであろうか。または、こうした野望は、家族の者に、いや善良な家族の者に、善良な信心深い家族の者に言わせたほうが無難なのだろうか。立派な使徒であることは、弟子であることは、難しいことである。そこには、暗黙のうちであろうと、無意識的であろうと、いつも補足的説明がいる。「ここには何かが必要である」。「この世的な」望みと「霊的な」望みと違うところは、どこにあるのだろうか。競争に勝ちたい、一番になりたい、最善になりたい、最高になりたい、特別なものになりたい、特権的な地位につきたいという願望は、世間的なものから霊的なものへと変わっていくものである。

息子や娘たちの成功を望まない母親はほとんどいない。学校や職場での子どもの業績を自慢しない母親はほとんどいない。多くの子どもが業績を上げるのは、親に喜んでもらいたいからである。親に認めてもらいたいからである。親の愛情をたくさん受けたいからである。立派な息子や娘になることによって、親からいただいたすべてのことに「お返し」をしたいという気持ちがあるからだ。

また、特権のある地位を獲得したいという望みは、愛からも生まれる。それは、特別に親しい関係になりたいという望み、特別に愛されたいという望み、他の人よりたくさん愛されたいという望みである。この望みは、他の人と同じように愛されることだけでは満足しないのである。この望みは、最愛の人から大切な人間と思われたいというような願望を満足させない。右と左に座ることは、特別な権力のしるしを望むことだけではなく、特別な友情、愛情、尊敬のしるしを望むことでもある。この望みは、まことに霊的な大望の中心にある。

母親と二人の息子は、イエスから侮辱されたと、憤慨していない。イエスは、無意識のうちに彼らの心と、そこにある善なるものを見ている。つまり、良い小麦と毒麦である。イエスは、母親には答えていないが、二人の息子に「あなたがたは、自分が何を願っているか、わかっていない」と言っている。イエスの時が近づいているのだ。イエスは、自分の前に何があるのか分かっている。つまり、苦しみの杯と、神の国へ通じている苦しみに沈むこと（洗礼）である。イエスは、二人の息子にその苦しみを与える。なぜなら、息子たちは、イエスに従いたいと、神の国まで従いたいと、いつもいっしょにいたいと、イエスの栄光にあずかりたいと、イエスとともに君臨したいと、望んでいたからである。イエスは、すでに弟子たちに約束していた。「イエスは彼らに仰せになった、『あなた方によく言っておく。新しい世界が生まれ、人の子が栄光の座に着くとき、わたしに従って来たあなた方も十二の座に着き、イスラエルの十二部族を裁くであろう』」。（マタイ19・28）

イエスは、彼らの問いかけをまじめに受け止めた。そしてご自分の受難の杯によって、彼らにその一部分を与えている。おそらく彼らの答えは、自信過剰な空威張りであったであろう。その点、裏切りの夜のペトロと同じであったと言えるであろう。ペトロも、その夜、自信過剰な空威張りで、イエスのために自分の命を捨てる心構えができているという確信をもっていた。また、おそらく、ヤコブとヨハネ、そしてその母親には深い直観があったのであろう。「わたしたちにはできます。あなたのためになんでもいたします。それがどのような意味なのかわかりませんが、心からあなたに従いたいのです。いつもあなたの大切な一部となっていたいのです。あなたとは別れたくないのです」。二人の息子と同じように、ペトロの空威張りもイエスへの情熱的な愛によって支えられていた。彼ら三人は、心の底から誠実でありたいと思っていた。実際に、最後には、辱めの暴力とイエスの死によって引き起こされたパニックの後は、忠実であった。

　ヤコブとヨハネの母は、イエスに従い仕えた十字架を遠くから見守っていた女性の弟子たちの一人である（マタイ27・56）。マルコ福音書（15・40）の脚注は、十字架の足下にいたサロメについてふれ、彼女がヤコブとヨハネの母親であったであろうと言っている。そういうわけで、彼女は、息子たちの幸せを求めてイエスに従った、単なる所有欲の強い、野心のある母親ではなかった。息子たちがイエスを捨てたときにも、彼女はイエスに従った。息子たちの前でイエスの受難の杯を飲んだ。イエスがその杯を飲んだとき、イエスを助けた。この世の救いの神秘の中心で、マリアとともに立っていた。ヨハネによる福音書によれば、息子ヨハネもそこにいた。母と子、この二人は、互いに支え合い、力を出し合い、勇気をもって、親しい交わりのなかでイエスに従った。

　ヨハネの母は、十字架の足元にいたのだろうか。ヨハネによる福音書は、そうは言っていない。イエスがご自分の母をヨハネに預け、そしてヨハネがマリアを自分の母に預けたとき、ヨハネの母はそこにいたのだろうか。そのとき、ヨハネの母の心臓にも同じように剣が突き刺さったにちがいない。息子たちとの生活における母親としての特別な役割を捨てるという大きな犠牲を払ったとき、二人の息子のための母親の願いは聞き届けられた。

今や、すべての人のために新しい母となった。「このときから、イエスの弟子となった母と息子たちは、いっしょに自分たちの家にマリアを迎え入れた」。マリアは、息子たちの母の母となった。すでにこの二人の母親は、お互いを知っていた。ゼベタイの子らの母サロメは、主の御母の特別な友となり、イエスに行ったように、マリアの世話をした。息子たちのために場所を願ったサロメは、自分のほうがイエスの隣に場所を与えられた。

思いめぐらす

神は、わたしたちの一つひとつの過ちを見て正し、叱責し、わたしたちが行動を改めなければ罰を下すお方だと、わたしたちは考える。しかし、イエスは、大胆で、明らかに野心に満ちたことばを言ったこの母親を叱責していない。イエスは、よく聴き、質問をして、母親の心と息子たちの心の真の意向を理解した。この願望がイエスの苦しみの杯を喜んで飲み干すことだと悟っても、イエスの身近にいたいと望むことは賞賛に値することである。わたしたちがそのように行い、そしてそこに御父のみ国への道を見つけるように、イエスは招いている。神は、わたしたちの表面的な過ちではなく、わたしたちの心をご覧になっている。イエスは、わたしたちが望んでいる間違ったものを捨てるように助け、真の願望へと導いている。わたしたちが最善のものを望むとき、喜ばれる。たとえ、最善のものがはっきりと分からなくても、示された道を喜んで進むならば、イエスは、喜ばれる。

祈る

イエスさま、聖人は、立派な母親から生まれます。この女性は、二人の息子を産み、育てました。わたしたちが想像しているように、ヨハネがみことばを深く愛し、感情豊かで、観想的な人なら、このような立派な特質をたくさん受け継いだのは、母親からでありましょう。ヨハネは、雷の子（陽）であり、またやさしい肥沃な土地の果実（陰）でもあります。主よ、立派な母親を育ててはぐくんでください。信仰と勇気のある女性をはぐくんでください。あなたの命のみことばに心を開く女性をはぐくんでください。命をはぐくむ女性と母性の神秘に心を開く女性を育ててください。人びとの母をはぐくんでください。体の母親だけでなく、マリアの息子や娘たちに任された若木の世話をし、養育する母親を育ててはぐくんでください。御父の栄光のために、あなたのみ国のために、あなたに与えられた新しい弟子たち、新しい使徒たち、そして福音宣教者たちを育てはぐくんでください。主よ、わたしたちは、母親を通して、あなたの霊によって、わたしたちの遺産を相続しました。その母親に感謝いたします。

第九章　特別な友、マルタ

さて、一行が旅を続けて行く途中、イエスはある村にお入りになった。すると、マルタという女がイエスを迎え入れた。彼女にはマリアという姉妹がいた。マリアは主の足元に座って、その話に聞き入っていた。しかし、マルタは数々のもてなしのため、忙しく立ち働いていた。そこで、彼女はイエスのそばに来て言った、「主よ、わたしの姉妹は、わたし一人にもてなしをさせておりますが、何ともお思いになりませんか。手伝うように言いつけてください」。すると、主はお答えになった、「マルタ、マルタ、あなたは多くのことに思い煩い、気を使っている。しかし、必要なことは、ただ一つだけである。マリアはその善いほうを選んだ。それを彼女から取り上げてはならない」。（ルカ10・38―42）

辱めは出会いに至る

マルタは疲れていた。予期しないイエスの到来で興奮していた。イエスの一行はのどが渇いていた。このため、マルタの気持ちはすり切れ、いらいらしていた。イエスに会えることはうれしいことだった。ほほえみの目で挨拶をしてくれるイエスの特別な仕方は、いつもうきうきするような喜びと感嘆と愛の体験だった。そのため、自分は特別だと思っていた。「イエスさまは、わたしのことをよくご存じだ。いつも分かってもらいたいと思うように、分かっておられる」。しかし、いつまでもイエスにつかまっていたいと思っているときに、イエスがマリアのほうに、それからラザロのほうに、また他の人びとのほうにふり向くことがある。そんなとき、マルタは、どうしてもイエスを取られたという気持ちになったり、がっかりしてしまう。

いったいどうして、イエスは、いつもたくさんの人を連れて来て、しかも短い時間しかとどまっていることができないのだろうか。午後四時になっていたので、明日の日の出までにはここを出たいと、イエスは言った。決まった計画などなしに、ガリラヤやユダヤを巡り歩くようだった。どうして、いつもこんなに急いでいるのか。他の人を先に送って、ベタニアに何日かとどまらなかったのだろうか。イエスには、休息が必要だった。少し気分を新たにさせることが必要だった。しばらくの間、群衆から離れて独りでいる必要があった。イエスに対するマルタの親愛な気持ちには、兄弟姉妹とともに、イエスとしばらくゆっくり過ごしたいという願望があった。このような願望は利己的だろうか。それとも愛から出たものだろうか。いや、この双方だったのだろうか。

イエスは、夕食のためにいくらか食べ物を買ってくるように人びとに頼んだ。井戸の周りには、水をくんだ女性たちが腰を下ろしていた。ラザロもそこにいた。マルタとマリアは、邪魔にならないように、離れた所から人びとの話を聞いていた。みんな昔から知り合いのようだった。やや離れた所に住んでいたラザロは、子どものときのイエスとは、かなり年上の兄弟のようだった。ラザロは、イエスの後について行きたかった。けれどもイエスは、ラザロは心臓が悪いので、家にいたほうがよいと言った。別れて生活することは、かえって二人の関係をより深めた。イエスがたびたび来たのは、ラザロの心と通じ合うものがあったからであろう。二人は、ときどき聖書の一節をいくつか引用して、それらをそれまで聞いたこともないような、きれいな文章にまとめた。こうした文章を暗記していたので、二人の会話は、それ自体で祈りになっていた。ファリサイ派の人びとのもっともらしい質問のことを話し合った。生きている神のみことばに彼らファリサイ派の人びとの頑固な心は閉ざされていた。それは、自分たちがすでにすべての答えを持っていると確信していたからである。彼らは、ときには重苦しい、陰うつなテーマについて話すこともあった。マルタとマリアは、そうした話が分からなかった。ただ心も部屋の空気も重苦しくなるだけだった。

このような親しい分かち合いの時間は、夕食のために、十羽ほどの生きている鶏を持って弟子たちが帰ってきたので中断した。「マルタ、この鶏をどうしますか」と誰かが叫んだ。マルタは、すぐに立ち上がって、裏庭に行って、夕食の支度の指図をした。真夜中までに食事を済ますためには、急いで支度をしなければならなかったからである。

ラザロは、騒がしい弟子たちが戻ってきたので、イエスと話を続けることができなかったので部屋に引き上げた。マルタは気さくな声で明るく頼んだ。「ペトロ、鶏を持っていって、ほふってから、きれいに洗って、ローストする準備をしてください。フィリップ、何人かで火をおこしてください」。男たちが外で仕事を始めていたので、台所での叫び声も静まってきた。奥の部屋も静かになった。マリアだけがイエスといっしょにいた。マリアは、イエスの近くで黙って座っていた。

マリアは、いつでも聴く準備ができていた。しかし、イエスは、語る必要がなかった。マリアの開かれた心に安心して宿られていたのだ。イエスの目がマリアの存在の奥底に語りかけていた。マリアの清らかな目のなかに、イエスは、ご自分の姿を見た。「はい、マリアよ、わたしの愛によって、あなたは、御父の愛を喜んで受け入れています。わたしの内に安らぎなさい。そうすれば、わたしは、あなたの内に安らぎます。これが、生きることの意味です。ただ一つの大切なことです」。

マルタの声がふたたび聞こえた。「マリア、どこにいるの。今忙しいの。助けに来てちょうだい」。マリアは、沈黙しているイエスとともにいて、マルタの声も聞こえなかった。マルタは、もう一度声を上げて呼んだ。その語調は、だんだんいらいらしてきたことを表していた。マルタは、彼女がいらいらしながら、急いで仕事をしているのに、マリアはイエスといっしょにいることを喜んでいた。そのため、マルタの気持ちは、さらに煮えたぎるようだった。とうとう、部屋の中に駆け込んできて、独善的に強い調子で詰問し、思いやりが足りないとマリアの利己的な態度をたしなめた。

イエスが自分を助けるようにとマリアを促してくれるとマルタは期待したが、イエスはそうはしなかった。マリアは、マルタに謝らなかった。イエスとマリアは座っていた。マリアはイエスを見つめていただけだった。イエスは、マルタに向かって悲しそうな顔で言った。「マルタよ、どうしたのですか。慎みを忘れてしまったのですか。どうして邪魔をするのですか。マリアをどこかへ連れて行こうとしているわけではありません。今、マリアは心を集中して、御父のみ心への道を見つけようとしています。マリアにそれを止めさせようとするのですか。あなたは、わたしのために食事を作っているのではありませんか。あなたは、仕事のことだけにとらわれているので、いちばん大切なことを忘れています。それはわたしたちの関係です。わたしは、離れていてもいつもあなたといっしょにいます。わたしのことを忘れないなら、たとえ仕事が忙しくても、そのために、わたしたちの関係が損なわれることはありません」。

マルタは、顔に血が上ってくるのを感じた。恥ずかしくなった。最愛の友イエスの前で、むき出しで、醜い姿をしていると思った。混乱した気持ちが心の底から大波のように押し寄せてきたので、黙って下を向いた。当惑し、恐れ、そして申し訳ないという気持ちでいっぱいになった。傷ついていた。気持ちを押さえようとした。「どうして一時の感情に駆られたのだろうか。どうして小さな子どものようなことをしてしまったのか。イエスさまは、わたしを小さな子どものように悟らせてくださった。しかもマリアの目の前で」。

マルタは、消えてなくなりたかった。台所に戻りたいという強い気持ちが今にもことばになって口から出そうであった。自分ではどうしようもない激しい気持ちであった。けれども、逃げ出すことができなかった。

そのとき、誰かの手が肩に、指があごの下に触れるのを感じた。それは、うつむいていたマルタの顔を優しく上に向けようとしていた。ふたたびイエスは、マルタの名前を呼んだ。マルタが涙にあふれた目を上げたら、イエスがとても深い優しさをもって見つめていた。「大丈夫ですよ、マルタ。すべてはうまくいっています。おいしいごちそうを作ってくださいい。心配しないでくださいい。あなたを愛しています。出かける前にあなたと会って話ができるでしょう」。

嵐は静まった。マルタの涙は、傷ついた気落ちから出たものではなかった。マルタの心の弱さと恥ずかしさ、そして罪悪感と自己嫌悪のところにイエスの愛が宿ることで、心のひずみが和らいだ。「わたしは、独りよがりだった」と、台所に戻ったとき、一人でつぶやいた。つづけて「マリアに泣きわめいてしまった。マリアが独りよがりだと責めてしまった」と言った。マルタは、気持ちが和らげられるにつれ、愛されるにつれ、許されるにつれ、謙虚になって、イエスが神の御子であると、心の奥底から悟った。

思いめぐらす

わたしたち一人ひとりは皆、イエスとの特別でユニークな関係をもっている。でも、この「特別」ということは、独占的という意味ではない。また他の人より良い、深いという意味でもない。自分が特別な人として愛されたいという願望は、わたしたちを愛してくれる人を独力で所有したいという利己的な願望のために傷つく。このような所有本能は、わたしたちが待ち望み、そしてようやく見つけた愛の関係を窒息させる恐れがある。所有することは、知らず知らずに、人を物に変えてしまう。自分の満足や楽しみのための対象物に変えてしまう。そうなると、ユニークな人間関係は窒息してしまう。そして、どこが悪かったか、何が悪かったかを理解しないまま、自分が以前よりも独りぼっちであると思うようになる。

マルタとペトロは、イエスが救い主である、キリストである、生ける神の御子であると信仰宣言をした唯一の二人の弟子である。このことは、福音書に記録されている。また、この二人は、イエスに厳しく叱責された人である。二人は、罪と辱めを受けることで、そして、あがないの愛というたまものを通して、深い神学的信仰に到達した。

祈　る

イエスさま、あなたは、ユニークな出会いによって御父の愛を示すために、わたしたち一人ひとりの名前を呼んでいます。わたしたちが探している愛の道に立ちふさがっている利己心を示すために、マルタを呼んだように、わたしたちをも呼んでいます。あなたの内に、自分のほんとうの姿を見ます。自分の傷ついた思い上がりのために、あなたから離れてしまうこともありますし、自分の罪を打ち破ってくださるあなたのあわれみを見つけることもできます。あなたの愛の赦しを体験することによって、あなたを体験できる恵みを与えてください。あなたの赦しによって、利己的な心から出て、あなたのみ心の中に入るように呼んでください。心から悔い改めることによって、あなたとの観想的な一致ができますように。

第十章　罪深い女

さて、ファリサイ派のある人が、イエスと食事をともにしたいと申し出た。そこで、イエスはそのファリサイ派の人の家に入って、食卓にお着きになった。ところで、その町には、一人の罪深い女がいた。彼女は、イエスがファリサイ派の人の家で食卓に着いておられることを知ると、香油の入った小さな壺を持って来て、泣きながらイエスの後ろから、その足元に近寄り、涙でイエスの足をぬらし始め、自分の髪の毛でふき、その足に接吻して、香油を塗った。（ルカ7・36―38）

まなざしに見通されて

イエスは、この女を追い払わなかった。女が触れても身震いしなかった。この女がいることで困惑することもなかった。人が考えるようなことに心を煩わせなかった。二人の間でことばを交わすことはなかった。あったのは、電気が走ったような高度な交信であった。その女は、困惑することもなく、追い出されるのではないかと心配もしなかった。誰の許可もなく入って来た。イエスが受け入れてくれると確信していた。確実に、イエスは分かっているだろう。イエスはそのとおりにした。驚かなかった。その女がしていることが分かっていた。二人は、すでにその日、早くに出会っていたのだ。

この女は、イエスを追いかけている群衆の中にいた。群衆はイエスと出会った。イエスは、この女をまっすぐに見抜いた。化粧をし、宝石を付け、スカーフをまとった姿を通して、痛んでいる心を見た。混乱した心の源を見た。この女は、傷ついた小鳥のように、大声を出した。焼けるような痛みを感じた。自分で心臓まひにちがいないと思った。顔色は真っ青であった。倒れると思った。イエスは、彼女の力のない腕をつかまえ、静かに座らせた。そばにいる人にこの女性に水を持ってくるように伝えた。優しく肩に手を置いたイエスは、群衆に引っぱられて、彼女のもとから離れた。

二人の間にことばは無かった。しかし、その女のそれまでの緊張した心が消えていた。死を過ぎ越して命へと入って行った。何年も前から、希望を無くした状態から救われたい、という押さえがたい渇きが満たされるようにという思いはなくなっていた。この数年間は、こうした状態になったのは、呪われているからだ、不幸な星の下に生まれたからだと思うようになっていた。かつては、人びとからいろいろと相談を受け、賞賛の的であった。それは自己満足を与えてくれた。飽くことを知らない彼女の欲望は、人びとを興奮させた。しかしその望みには、無邪気なところもあった。真剣なところもあった。そのため、その女を愛した人は皆、自分が彼女の最初の男だと思った。しかし、たびたび起こる失望や不満感、また辱めを受けたことのつらさが希望から無関心へと変えてしまった。ただ愛の手練手管になってしまった。心はどこかへ行ってしまった。感情が無くなってしまった。見せかけの楽しみだけになってしまった。嫌悪感を表面的に隠すだけだった。金銭は良いものであったが、すべてが限界に達していた寂しい屈辱的な生活になっていた。

感情を精神の奥に埋もらしている身勝手な思い違いが作ってしまった堅い壁を、イエスのまなざしが貫いた。イエスは、すぐにその壁に気づいた。そして、そのまなざしは、まだ誰にも触れられていない、汚されていない彼女の心の中心にある「おとめ点」まで見通した。彼女はイエスのすべてを見抜く目の前で裸であった。そして、自分がまだ愛されていると分かった。愛のために造られたことが分かった。自分を見つめているまなざしのお方のために造られたと悟った。次の瞬間、イエスはこの女の満たされることのなかった心に触れ、その心を満たした。それは、計り知れないほど、あらゆる願いとすべての理性を超えたものだった。イエスに触れたことで、この女には、ほとんど無くしていた驚嘆の念が生まれた。

その女が、何が起きたのか分かってきたのは、イエスが立ち去った後だった。それまで過ごしてきた年月が、めまいがするほどの速さで目の前を通り過ぎていった。すぐに、自分がどんなに悪かったか、愛のない性の交わりによって愛を求めてきたかが分かった。強い嫌悪感を持って自分の罪深さを悟ったとき、愛されているということに気づいた。そのとき、自分の犯した罪が消えていった。イエスは、この女を厳しい目ではなく、優しい理解をもって見た。イエスは、この女に愛と喜びを与えた。

その女はどこまでも走った。これ以上走れなくなるまで走った。群衆から離れていた。まったく誰もいなかった。その女は泣いた。そして踊り歌った。心地よい悔い改めと、さらに心地よい喜びで、有頂天になり、酔っ払っているようだった。長い間探していた愛によって生まれ変わった。再生された。それは、探し求めても、見つからないのであきらめていた愛だった。夜のとばりがゆっくりと静かに彼女の上に降りてきた。イエスを見つけなければと思った。イエスのところに行ってお礼を申しあげなければ。イエスに従っていこう。イエスの足元で、み手にすべてを委ねよう。彼女は町に戻った。途中、冷たい小川で身を清めた。岸辺で身に着けていた宝石やくしやベールを捨てた。家に着いて、きれいな衣類も捨てた。持っていた簡単な上着に着替えた。そして、決して戻らないと決心して、ふたたび道を急いだ。そのときある物を思い出した。すぐ部屋に戻って、ベッドのそばにある箱を開けた。香油がいっぱい入っているきれいな石膏《せっこう》のつぼがあった。香油は、体に塗って魅力的になるようにと、金持ちの商人からもらったものだった。この香油は、それまでの彼女のすべてを語るシンボルだった。彼女は、そのつぼを床にたたきつけないで、大事に抱えて走り出した。今度は、この香油は、無限の感謝のシンボルとなった。取るに足りない自分自身をささげるシンボルとなった。今や、イエスだけが生活の中心であり、シンボルとなった。

その女は、イエスがファリサイ派のシモンの家にいると聞いた。彼女は、その場所を知っていた。シモンのことをよく知っていた。シモンは、ときどき彼女のもとに通っていた。彼女は、シモンの汚れた不倫を思慮深く黙っていた。そうでなければ、シモンは地位を追われ、評判も落としただろう。彼は、代金を十分支払った。彼女は、嫌がることなく受け取った。これが生活だった。シモンは、彼女と同じように悪くはなかった。彼女は、ためらうことなく家に入った。シモンが阻むことはないと分かっていた。シモンが彼女の姿を見たとき、顔をしかめたことに気づいた。おそらくシモンは、すべてが明らかになってしまうと思って、彼女がイエスのところに行くことを恐れたのであろう。彼女がイエスに接する姿を見て安心したが、すぐにその安心は、疑心暗鬼に変わった。

彼女は後ろからイエスに近づいた。イエスの背中を見たとき、イエスは振り向いた。彼女は力が抜け、倒れそうになった。涙が止まらなかった。涙はほほをぬらし、そして手もぬらした。感動の涙だった。悲しみと愛の涙だった。ひざまずいてイエスの足元に身をかがめた。涙が泉から出てくるように流れ、最愛のイエスの足をぬらした。ベールもかぶらず、後ろで簡単に留めてあったくしでとかすこともしなかった。長い髪の毛がカーテンのように、彼女の顔にかかり、周囲の人からは、涙とイエスの足元が見えなくなった。静かに髪の毛でイエスの足の涙を拭いた。身をかがめて、きれいな足に接吻をした。その足は、長い間歩いて、まめができ、ほこりまみれの足だった。その接吻は、新しい接吻だった。貞節の接吻であった。昨日までの飢えた、肉欲的な接吻ではなかった。何も求めない接吻だった。魂から流れだし、全存在をもって「わたしの神よ」と叫んだ涙だった。それから、立ち上がって、石膏のつぼを開けて、つぼが空になるまで香油をゆっくりとイエスの大切な足に流していった。その足は、神の足だった。

　この驚くべき出来事を見たときの、シモンの気持ちや思いを描くことは難しい。この女を見て、シモンはどのように感じたのだろうか。罪悪感か。恥ずかしさか。怒りか。それとも嫉妬か。いずれにしてもシモンは緊張していた。自分の秘め事が暴露しないかどうか、用心深く見つめていた。彼は、修養を積んだファリサイ派の人だった。だから、自分の心の状態にほとんど注意することなく、立派な客人イエスに対して悪賢い考えを持っていた。「イエスは、この女が誰なのか、何をしてきたのか知らないのだろうか。この女が追い求めてきたものが何か分からないくらい、イエスは世間知らずで、お人好しなのだろうか。でもイエスが預言者でないことは確かだ。目の前のことが分からないのだ。とにかく律法学者にこの男のことを話すまで待つことにしよう」。

　とつぜんイエスの声がした。静かに、落ち着いて話を始めた。それは、この場にいる人たちの注意の的であるこの出来事には関係のないような話だった。たとえ話だった。シモンの混乱した頭に血が上ったにちがいない。「信じられない。イエスは自分の周りで何が起きているか分からないのだ」。シモンは、はじめはことば巧みに口先だけで返事をして、イエスに調子を合わせた。イエスは、あっと驚くような話を始めた。シモンは、自分の過去をさらけ出すことになってしまった。辱められ、あわてふためき、いんぎんな態度を無くしてしまった。さらに悪いことに、隠していたいろいろな思いがすべて明るみに出てしまった。

彼女は熱心に聞き入った。イエスは彼女のほうに振り向き、話し始めた。それは、あたかもシモンに向けて言われているようだった。イエスは、彼女の行為に理解を示し、それを受け入れ、感謝した。ふたたびイエスは彼女の心を貫いた。それは、目によってではなく、すべての人に対して彼女の心を示した真理のことばによってであった。「この人の罪、多くの罪がこの人を救った。そうでなければ、この人は、こんなに偉大な愛を示すことはなかったであろう」。それからイエスは、直接彼女に言った。「あなたの罪は許された。あなたの信仰があなたを救った。平和のうちに行きなさい」。彼女は、イエスの行く所にはどこでも、平和と喜びのうちにイエスに従い、仕えた。出会う人すべてにイエスの愛の不思議を伝えた。彼女は、強くイエスを愛し、イエスをよく愛することを学んだ。

思いめぐらす

わたしたちは皆、罪びとだ。誠実ではない、乱雑な願望の被害者だ。皆、罪深い。他の人に知られたくないようなことを考えたり行ったりして恥ずかしい。自分がことばで言い表せないほどのくだらない者であると確信させるような自己嫌悪から自由になっている人は少ない。ある人は、絶望に陥る。嫌っていた悪の中に沈んでいく人もいる。またシモンのように、醜い心を隠そうとして、必死に良いことをしようとしたり、埋め合わせようとする人もいる。イエスとの出会いは、命という感謝のたまものを与えてくれる。

祈る

イエスさま、わたしたちの混乱した目をあなたに向けることができるようにしてください。あなたのもったいない愛のまなざしで、わたしたちの心を突き通してください。あなたの愛にふさわしいような人になろうとして、かえって絶望してしまうことから解放してください。悪い習慣から離れられない苦しい自己否定の状態から救ってください。悔い改めの涙と喜び、そして愛がわたしたちに注がれますように。大きなあわれみによって、理解できないようなあわれみによって、そして人間の思いや感情には分からないあわれみによって、わたしたちの涙が心の汚れを洗い流すように。主よ、信仰を与えてください。あなたの不思議な愛と善を信じることができるように助けてください。同じ不思議な愛と善によって人びとに接することができるような知恵を与えてください。

第十一章　腰の曲がった婦人

さて、安息日に、イエスはある会堂で教えておられた。そこに、霊に憑かれて、十八年も病気になっている女がいた。腰が曲がり、どうしてもまっすぐ立つことができなかった。イエスは彼女を見ると、呼び寄せ、「さあ、あなたは病気から解放された」と仰せになって、彼女の上に手をお置きになった。すると、立ちどころに腰がまっすぐになり、神をほめたたえた。しかし、会堂司は、イエスが安息日に病気をお治しになったことに憤り、群衆に向かって言った、「働くべき日は六日ある。だからその間に来て、治してもらうがよい。安息日にはいけない」。そこで、主は答えて仰せになった、「偽善者たち、あなた方は誰でも、安息日に牛やろばを飼い葉桶から解いて、水を飲ませに引いていくではないか。アブラハムの娘であるこの人は、十八年もの間サタンに縛られていた。安息日だからといって、その束縛から解いてやってはならないというのか」。（ルカ13・10―16）

あざけりから尊厳へ

腰の曲がった婦人が思い出す最初の記憶、つまり思い出は、子どもたちから指をさされ、笑いながら、背中のこぶを突っつかれたことであった。彼女は、あおむけに寝ることができず、顔を横向きにすることもできなかった。なかでも、子どもたちから突っつかれることがいちばんつらかった。兄弟姉妹も近所の子どもたちといっしょに彼女をいじめた。兄弟姉妹のことばは、もっとも残酷だった。彼らは、身体障害者の姉妹を遠ざけ、彼女と同じ家族であることを恥じ、遊び仲間の物笑いになるのではないかと恐れていた。母親までも、この障害のある子どもに当惑し、小さな声でつぶやいていた。「何か悪いことをしたのだろうか。どうして神は、こんな障害児を与えて、わたしを罰したのだろうか」。父親は、彼女を「マラ」と名付けた。彼女が生活の中にたいへんな苦痛をもたらしたからである。

マラは、独りでさびしい気持ちで過ごしていった。彼女自身も、自分がなぜ生まれてきたのかと思った。こぶが背中にできていたため、自分で見ることができなかった。手を伸ばして背中をさわると、少しこぶに触れることができた。他の人が不愉快な顔つきで見たり、会いたくないという顔をして自分を見る目によって、こぶが醜い形をしているのだと思うだけだった。天の主に向かって、こぶを取ってくれるように祈った。けれども、体がだんだん弱くなるにつれて、こぶのために肩や首を動かすことが困難になってきた。こぶが精神にまで影響を与えていると思った。何も分からないだろうからと思われて、目の前で不作法な身ぶりや短いことばだけで話しかけられた。

母親からも無視された。独りで遊ぶように裏庭に追いやられた。家の暗い隅っこのわら布団で寝るように言われた。母親は、他の娘たちには、良い主婦になるように、料理や縫い物の仕方を教えていたが、その間、彼女は、邪魔にならないところに追いやられていた。また、期待されない赤ん坊が生まれた。小さなマラが手伝うことができた。彼女は、その赤ん坊に食べさせ、風呂に入れた。その赤ん坊が助けを求めるとき、その子を優しく抱き、幸せだった。

九歳になる頃には、こぶが首を押しつけ、顔を上げることができなくなった。あえて上を向くようにしなかったので、姿勢は、ますます悪くなっていった。人にジロジロ見られないようにしていたが、ときとして顔を上げると、みんなが逃げ出した。十二歳になる頃には、上を向きたくても、顔を上げることができなくなった。何かにぶつかったり、穴に落ちたりしないように、足元と地面を見るだけになった。背が伸びるのではなく低くなっていった。だんだんと、背骨全体が曲がってきて、腰が折り曲がったようになった。痛みと不快な気持ちが大きくなっていった。今では、ほとんど足元も見ることができなくなり、杖につかまって歩くようになった。ほとんどいつも、体を見ることもなく、目を閉じていた。眠ることも、食べることも苦痛になった。横になって、ゆっくりと、ぎこちなく、パンを小さくちぎって、野菜の煮汁にひたした。どうにかできることは食べることだけだった。食事を取るだけで、力を使い果たした。食事と着替え、そして体を拭くだけで、一日のほとんどの時間が過ぎていった。頭を洗ったり、くしでとかしたりできないので、母親は、髪の毛を短く切っていた。これも、もう一つの辱めであり、屈辱であった。

「天の主よ、なぜわたしは生まれたのですか。わたしは虫けらであって、人間ではありません。醜く、さげすまれています。骨と皮の無用な塊です。わたしが陽《ひ》の光を見なければ、みんなにとってよいことでしょう」。

けれども、ありがたいと思うことがあった。家の中で食事ができ、家族の者が彼女を外に出さないようにしたことである。ある家庭では、物乞いをさせるために、障害児を外に連れ出している、と彼女は耳にしたことがあった。彼女は、外に追い出されて、道ばたで這いつくばるようになることを恐れていた。彼女の両親はあわれみ深かったのだ。彼らに祝福あれ。

弟のベニヤミンにも祝福あれ。ベニヤミンがまだ幼かった頃、弟への彼女の世話と愛情は、弟が大人になったとき、百倍にもなって戻ってきた。ベニヤミンは、彼女の障害に気がつく前から、とてもなついていた。だんだんと彼女がふつうの人とは違い、家庭の中で隅っこで過ごし、誰からも放っておかれていることに気づいてきた。彼女に言われている冷たいことばを聞いた。彼女の側に立つか、家族の側に立つか、心の中で葛藤があった。よく考え、公会堂の学校で勉強している聖書の文章を使って祈った。彼女は呪われているので、浮浪者になるべきだ、と世間で言われることもあった。けれども、いと高きお方には、それとは違ったお考えがあったようだ。「そのお方は、弱い人や無力の人をあわれんでくださる。困っている人を守ってくださる。……あなたは、存在するすべてを大切にしておられます。お造りになったすべてをさげすむようなことはいたしません。かりにそれを憎んだとしたら、お造りにはならなかったでしょう。お望みになられなかったとしたら、どのようにして持ちこたえることができるでしょうか。命を愛するお方である主よ、すべてがあなたのものですから、すべてを大切にしています。……あなたは、心ない人びとの強烈な手から、弱い人、苦しめられている人を守ってくれます」。

ベニヤミンは、子どもの頃お世話になり、大切にしてくれた姉を見捨てたり、遠ざけることはしないと心に決めた。さらに彼女に温かく接しようと決めた。毎晩、姉のところを訪れ、部屋の掃除をして、いろいろと手助けした。掃除と片付けが終わると、いっしょに詩編を唱え、祈ることにした。それから何年かが過ぎていった。マラは、毎晩、弟といっしょに貴重な時間を過ごすことを楽しみにしていた。

イエスについてのうわさがベニヤミンの耳に届いた。みんな神の子だと言っていた。不自由な足や見えない目を癒やしてくれる奇跡を起こす人だと言っていた。ベニヤミンの心の中で希望が大きくなっていった。

「行きましょう。この村にあした来られるそうです。きっと治してくれますよ」。

「いや、ベニヤミン。愚かな話よ。誰もわたしのようなだめになった体を治せないわ」。

「神は、お出来になります。行きましょう。少なくとも、みんなが話しているその人を見て、話を聞いてみましょう」。

「あなたが行ってください。走って行って、見てきてください。わたしは、もう何年も町に行ったこともないし、そんなに遠くまで行くのはたいへんなことで、痛みもあります」。

「お姉さんが行かなければ、わたしも行けません。わたしが助けてあげます。わたしの体は強いです」。

　とうとう弟の説得に負けてしまった。彼女は行くことになった。予想されることは、いつものようにからかわれたり、いじめられたりして、家に帰ってから何日も心身の消耗で体が動かせなくなってしまうことだった。ことばでは行きたくないと言っていたが、心は希望にあふれていた。神は、あわれんでくださるだろうか。彼女は、人の目などまったく信用していなかった。ただ主のまなざしが注がれるだろうかと気にしていた。人びとからは呪われていると言われていた。主は、いったいどんな祝福を与えてくれるのか、と言われるだろう。聖書のことばを思い出し、それを唱えることで、疑念と恐怖が静まった。「主は、あわれみと愛。……主は、わたしたちがどのようなもので造られているのかわかっておられる。わたしたちは、ちりで造られている。……主は、弱い人をさげすむことも、主を信じる奉仕者を軽蔑することもない」。

　ベニヤミンとマラは、朝早く出かけた。ベニヤミンが先頭に立った。マラは、曲がった腰を少し伸ばしてベニヤミンの腰につかまった。ベニヤミンは、マラの目であり、杖だった。ゆっくりと歩いた。二人にとっては、長い距離だった。だんだんと気持ちが高ぶってくるのを感じながら、とぼとぼと歩いた。二人は、一体となって歩いた。ベニヤミンは、姉が完全に自分を信用しているのを感じながら、希望を抱いてしっかりとした足取りで進んで行った。他の人びとは、道を急いでいた。奇妙な四本足の人間などまったく注意していなかった。

ナザレのイエスは、どのようなお方なのだろうか。どうしたら近づけるだろうか。とつぜん、ベニヤミンは、どうしたらよいか分かった。群衆が町の外れに向かっている間に、直接公会堂に行った。マラとベニヤミンは、最初に到着していた群衆の中に入り込めた。そして、イエスが必ず二人を見つけてくれそうな場所に移動した。心で祈りながら、沈黙のうちにこれから起こるであろうことを待った。何時間かたった。近づいてくる群衆のざわめきが聞こえてきた。人びとが公会堂の中に突進してきた。今いる場所から追い出されることもなかった。急に静かになった。イエスが近づいてくるのが分かった。

「イエスさま。主よ。お会いしたいです」。マラは、しっかりとした声ではっきりと言った。

「イエスさま」とベニヤミンも叫んだ。「姉が……お願いします」。

イエスは、向きを変えて二人を見た。マラの状態を見たとき、顔に深い苦痛の症状が走った。それは、一瞬、マラのこれまでの生涯のすべての苦しみを体験したかのようであった。あわれみに心を動かされ、イエスの口から自然にことばが流れ出た。「若い婦人よ、あなたの病気は治ります」。イエスは、近寄り、彼女の頭に手を置いた。それから肩にも。イエスは、彼女の前でひざまずき、顔をのぞき、目を見つめた。マラは身震いした。誰もこんなに長く彼女に触れることはなかったので、彼女は、本能的に後ずさりした。それでもイエスの優しく触れた手は、強く、しっかりと彼女を支えていた。イエスの両手にエネルギーを感じた。そのエネルギーは、温かく、両手、両腕から両肩へ、首から顔へ、そして背骨の一つひとつの骨に浸透していった。焼けるような痛みがすべての骨と堅くなった筋肉へと広がっていった。そのとき、イエスは、手を彼女のあごの下に置いて、顔を上へと引き上げた。彼女は、他と比べることのできないほど美しい顔を信じられないように見つめた。イエスは、ゆっくりと立ち上がった。まだ手をあごの下に付けたまま、彼女がイエスの前で直立できるまで、彼女の体を引き上げた。まるで目と目を合わせることができるように引き上げた。イエスのまなざしは、心のなか深くまで達し、醜さの源まで達したようだった。

怒りの声がこの不思議な時を妨げた。マラは、イエスから引き離され、外へと押し出された。「他の日に来て治してもらえ。安息日はだめだ」。群衆は、どなりわめき、彼女が何か悪いことをしたかのように非難した。

そのとき、騒々しいどなり声の中で、「偽善者よ、娘から離れなさい」と言う凜《りん》とした声が聞こえた。イエスは会堂長のほうに行って、もう一度言った。「この娘はアブラハムの娘です。ですからそのように尊敬されなければなりません。あなたの飼っている牛と同じような取り扱いを受けているのではありませんか」。興奮状態が収まり、会堂長は引き下がった。群衆は、畏敬の念をもってイエスのほうに向いた。「娘よ、平和のうちに行きなさい。顔を上げて歩きなさい。あなたがすべての神の子の尊厳のしるしとなりますように。名前は何と言いますか」。

「マラです」。

「これからは」とイエスは、ほほえんで言った。「あなたの名前はナオミです。良い名前です。顔を上げて、人びとを見てください。今日あなたを癒やしてくれた同じあわれみの愛をみんなに伝えなさい」。

イエスの手を取って、接吻したとき、ナオミの目は、限りない感謝の気持ちで輝いていた。ベニヤミンも、万感胸に迫って、黙ってイエスの手を握った。ナオミは、感謝の愛をもって弟を抱擁した。そして、目的と喜びに満ちた新しい生活に向かって歩いて行った。

思いめぐらす

わたしたちは皆、大きな障害を持って生まれている。自分の持つ障害に気づいたとき、恐れたり、当惑したり、混乱したり、逃げ出したくなる。自分自身を、自分の弱点を、能力の限界を見たくないのだ。強くありたい、無傷でありたい、有能でありたい、「ふつう」でありたいのだ。しかし、生まれついたごく普通の罪深い状態にあって、わたしたちは皆、生まれながら身につけている利己主義のうんざりするような重さに身をかがめてしまう。そのため、どのような身体的障害や精神的障害よりも、自分の価値を損なっている。さらに悪いことに、こうしたことがどんなに真の自己から遠ざけているか気がつかない。そして、人のことをおもんぱかることをしない自己中心的考えから脱出できない。悪魔に縛られているので、主の娘や息子としての尊厳をもって、しっかりと立つことができない。相互に自分を与えなさいという呼びかけに応えられない。イエスの救いの現存だけが、このとらわれた状態から解放し、神のみ国の驚くべき光の中へと導いてくれる。そこでわたしたちの欠陥と弱さは、輝く傷として光り輝く。よみがえったキリストの救いの恵みがわたしたちの存在を貫き、三位一体の神の像と似姿へと変えてくれる。

祈る

イエスさま、あなたに会いたいです。長い間、自分のことばかり考えていましたが、今は、とくに拒絶され、独りぼっちの人の顔のなかにあなたの顔を見たいです。すべての人に新しい命と人間の尊厳というあなたの使命を伝えるために、心と体の力を持ちたいです。人の弱さのなかに、自分の弱さを見て、それを受け入れたいです。一人ひとりのきれいな心のなかにより深く入っていきたいです。その心のなかでは、あなたの美しさが映し出され、身体的に、道徳的に、心理的に傷を負ったところを癒やしてくれます。自己愛と自己憎悪という分裂状態から連れ出してくれるあわれみの連帯のうちに互いに助け合うことを教えてください。主よ、自分の生活から誰かを排除していたら、それはあなたを排除していることです。わたしたちのなかにいるもっとも弱い人に心が開けますように。その方々によって、自分を拒絶している状態に目が開けますように。その方々は、あなたの愛の現存の秘跡です。なぜなら、この方々は、自分を守ることも、自分についての迷いも、わたしたちより少ないからです。心の貧しい人は、健康がすぐれない人は、体が弱い人は幸い。

なぜなら、そのような方々は神を見るからです。

第十二章　マグダラのマリア

その後、イエスは町や村を巡って宣教し、神の国の福音を宣べ伝えられた。十二人もお供をした。また、悪霊や病気から癒やされた数名の婦人たち、すなわち、七つの悪霊を追い出していただいたマグダラの女と呼ばれるマリア、ヘロデの家令クザの妻ヨハナ、それにスサンナ、そのほか多くの婦人たちも一緒であった。彼女たちは自分たちの財産を出し合って、一同に奉仕していた。（ルカ8・1―3）

新しく変えられた女性

マリアは、幼い頃よりマグダラの街で多くを学んだ。自分以外は誰も信じてはいけないと学んだ。十歳のとき、父親が酔ったローマ兵たちに殴り殺され、母親がののしられて、暴行されたのを、隠れて見ていた。その後、母親は心も体も打ちのめされたまま、短い生涯を終えた。家族への責任が若いマリアにのしかかってきた。マリアは心を閉ざし、悲痛な思いで、父親が残した小さな店の苦しい仕事を引き受けた。

マリアは、この暴力と不条理の世界で、誰にも頼らず生きていくと決心した。そして、表沙汰にできないようなあらゆる恥ずべき仕事をした。たとえば、疑うことを知らない顧客をだましたり、穀物の不正な取り引きをしたり、未払いの請求書にとんでもない利子を付け加えたりした。ローマ軍兵士が背中を向けたとき、つばを吐きかけた。金持ちや楽な暮らしをしている人を軽蔑し、また貧しい人が貧しいままでいることにも腹を立てた。人の悪口を言い、自分自身をさげすんだ。恥じ、怒り、憎しみが心の中で煮えたぎっていた。そのため、ますますかたくなになった。しかし、心のどこかに、恐れおののく子どもが叫び声を上げていた。自分でも想像できないものへのあこがれがあった。でもそれを手にすることはできなかった。人生は無意味だった。良いことは何もなかった。

ナザレのイエスと出会ったことで、マリアのすべてが変わった。イエスと弟子たちが彼女の店に立ち寄り、買い物をした。マリアは、この新しい預言者のことを聞いていたが、一時的な人気者だと思って関心がなかった。彼らが店で冗談を言って笑っているとき、小麦粉を計るふりをして、さりげなく目方を少なくした。秤《はかり》から離れようとしたとき、イエスの手が触れた。彼女は、手を引っ込めた。その手は、わが身を守ろうとして爪を立てた猫のように、張り詰めていた。イエスは、苦しそうなほほえみを浮かべて、彼女の目を見つめていた。そして離れていった。誰もこの様子を見ていなかった。一行は、小麦粉を一袋買って、店を立ち去った。イエスは、振り返って彼女を見て、長年の友人のように手を振った。一瞬の出会いであったが、イエスを忘れることができなくなった。彼女は、自分のことを覚えてくれた、迎え入れられた、そして愛されたと感じた。この人は、他の人とは違っていた。彼女の心の奥深いところに触れた。この人が信頼に値する人だったので、人生は生きる価値があると感じた。

マリアは、何度も何度も、イエスの話を聴きに出かけた。イエスの教えは、とても深く、真理にあふれていた。まるで感電したかのように、全身に鳴り響いた。心という井戸に落ちてくる生きている石のようだった。イエスは、マリアを見るたびに前と同じようにほほえんだ。イエスと弟子たちが食事をしているとき、しばしばイエスは、マリアに弟子に加わらないかと誘った。イエスはマリアといっしょに歩き、彼女の問いかけに答えた。ときには、マリアがことばを口にする前に答えることもあった。マリアは、すべてが関連していることを直観的に理解した。イエスに見られると、分裂した心が見通された。イエスといっしょにいると、自分に対しても、他の人に対してもうそをつくことができなくなった。イエスの愛は、七つの拒絶する悪霊を追い出してくれた。つまり、いのちを拒絶する悪霊、愛を拒絶する悪霊、真理を拒絶する悪霊、自分自身を拒絶する悪霊、他の人を拒絶する悪霊、神を拒絶する悪霊、すべての実在を拒絶する悪霊である。かつては、かたくなに閉ざしていた心の内のすべては、とても深く、とても心地よい力へと変えられていった。まったく新しいあり方で、自分が女性であることを発見した。マリアは、店やその他のすべてを捨てて、全身全霊からの激しい愛をもってイエスに従った。過去の生活は間違っていたが、今や意味にあふれたものになった。

マリアは、イエスに従い、イエスに仕える女性たちの仲間に入ったとき、強い女性になっていた。やるべき仕事を完全に行っただけでなく、どうしたらよりうまくできるかと、するどく見抜いた。すすんで提案し、それまでのやり方を変えて、奉仕の方法を効果的に作り直した。いつも自分が中心になって、イエスが話したことや行ったことに心を配っていた。しかし、人の話を聴くことをしなかった。他の女性たちの気持ちを考えず、忙しく動き回ったので、女性たちの反感を買った。怒った女性たちは、聖母マリアに訴えた。聖母は、この暴れ馬のようなマリアを自分の手元に置いて特別にめんどうを見た。

マグダラのマリアは、人の手助けをしたいと思っても強引に行動にうつさないようにすることを学んだ。自分のことを話しすぎないようにすることも学んだ。頭を使って人を理解しようとした。イエスに要求しないようにすることを学んだ。イエスの注意を引かないようにすることも学んだ。イエスの時間を独り占めしないように学んだ。聖母とともにいることで、いつもイエスとともにいるようにした。イエスと聖母の親しい一致の神秘を素晴らしいという思いで黙って見つめていた。イエスのまなざしは聖母のまなざしと同じであった。イエスのほほえみは聖母のほほえみと同じであった。イエスのナザレ地方特有の話し方をまねた。マグダラのマリアの話し方は、聖母マリアよりもナザレ風になった。イエスの親友、ときどきはイエスの妹と見られた。イエスの信頼する妻と見られることさえもあった。イエスは、完全にマリアのものであり、マリアも完全にイエスのものだった。しかし、互いに相手を自分のものだとか、自分が頼りにしているものだという関係ではなかった。イエスとマグダラのマリアは、互いに相手の注目を引くようなこともなく、心から愛し合った。二人の注目は、ともに他の人びとに向けられていた。互いに愛していると いうしるしを示す必要もなかった。

聖母マリアは、この女性が他の誰よりも息子イエスのことを理解していると分かっていた。マグダレナも、聖母と同じくらいイエスがどのようなお方なのか分かっていた。彼女が体験した人間の暗い側面が心の中で大きな部分を占めていた。そしてその打ちのめされた心がイエスのことばの真理を受け止めた。

マグダラのマリアは、長い間聖母マリアを自分の母親であると考えていた。聖母マリアを通してイエスを愛することを知ったからである。ともにイエスを愛したように、二人は、愛し合う親友となった。しかし、たまに一言二言ことばを交わすだけだった。二人はまなざしだけで、表情だけで、簡単な身ぶりだけで、直観的に理解し合っていた。イエスとの毎日の出来事を心の中で大事にしていた。イエスのことばの意味を考え、イエスが起こすしるしや奇跡のことを思いめぐらしていた。品位を傷つけるようなことばや、イエスが悪人だと妄想に取りつかれたファリサイ派の人びとのずる賢い問いかけに、イエスとともに悩まされた。

神と人びとにささげた愛をもってイエスを愛することによって、人間の理解力と想像力を超えた方法で、イエスを迎え入れることができたと、マグダラのマリアは、だんだんと分かってきた。自分がイエスのものであり、徐々にねたみ心や不安の心から解放されてきたことを信じるようになった。このため、他の人に心を開くようになってきた。いつでもイエスと心が通じ合っていた。イエスが彼女といっしょにいる時間が増え、他の人には言えないようなことを直観で理解する彼女の心を信頼していたことは驚くべきことではない。他の女性たちは、彼女の指導力を認め始めた。イエスと彼女との美しい関係を理解し、そのあり方が自分たちすべてのためのたまものであると分かった。

思いめぐらす

マグダラのマリアは、辱められ、人を憎み、自分はだめな人間だと思っていたために、深い傷を負った女性である。その傷のために、悪の餌食となり、自己否定と破壊の力に苦しんだ。何層にも重なった見せかけだけの力の下で弱さを隠して、すべてのことに激しく「ノー」と言った。しかし、彼女の抵抗は、助けを求める叫びであった。理解と愛を求める叫びであった。世の中を認めようとしなかったこと、世の中に合わせようとしなかったことは、美しいもの、真実なものを無意識に探していたことであった。イエスのうちに、万物を新しく創る力を持った神を見つけた。なぜならイエスは、彼女をあるがままに愛したからである。彼女の美を見たからである。彼女の抵抗は、人間として根本的なものだったので、彼女が話すことばは完全だった。不可能だと考えていたことが可能になったとき、全存在で命と真理を受け入れた。怒りの船から愛の船に変えられた。イエスの愛に包み隠すことなく、完全に心を開くことを望んだ。そして、優しく教えてくれた唯一の確実な導き手である聖母マリアに本能的にひかれていった。

祈る

イエスさま、自分には価値がないと思ったり、醜い心しかないと思ったりすると、しばしば絶望に陥ります。誰からも愛されないと思ったり、誰も認めてくれないと思ったりします。けれどももっとも深い絶望は、深い希望のただ一つのしるしです。この希望が受け入れられると、はっきりと分かるようになると、生活は完全に新しい方向に向かい、大変革を起こし、元気になります。あなたが触れてくださるようにかたくなな心を開いて、もう一度裸になります。あなたの受けた傷によって、わたしの傷が癒やされることを体験したいです。わたしの周りにいる傷ついたすべての人に目が開くようにしてください。その人びとは、心を閉じ、攻撃的になって、無関心な態度をとって、ときには暴力まで使って、自分に愛が必要であることを隠しています。わたしたちがあなたの愛をもって、その人たちに触れることができるように教えてください。復活と新しい命を証しする人にしてくださ い。そこから排除される人は誰もいません。わたしたちの傷が深ければ深いほど、わたしたちは、キリストという新しい人へと変えられていきます。

第十三章　サマリアの女

そこで、サマリアのシカルという町に来られた。そこは、ヤコブが息子のヨセフに与えた土地に近い町である。そこにはヤコブの井戸があった。イエスは、旅に疲れて、井戸の傍らに腰を下ろしておられた。時は昼の十二時ごろであった。

サマリアの一人の女が水をくみに来た。イエスは、「水を飲ませてください」と仰せになった。弟子たちは、食べ物を買いに町に行っていた。すると、そのサマリアの女は言った、「ユダヤ人のあなたが、サマリアの女のわたしに、どうして水を飲ませてくれとおっしゃるのですか」。ユダヤ人は、サマリア人と交際していないからである。イエスは彼女に答えて仰せになった、

「もし、あなたが神の賜物のことを知っており、

また、『水を飲ませてください』と言ったのが、

誰であるかを知っていたなら、

あなたのほうから、その人に願い出たであろうし、
また、その人はあなたに
生ける水を与えたことであろう」。
その女はイエスに言った、「主よ、あなたはくむ物を持っておられませんし、井戸は深いのです。どこからその生ける水を手にお入れになるのですか。あなたは、わたしたちの先祖ヤコブよりも偉いのですか。ヤコブは、この井戸をわたしたちに与え、彼自身も、その子供たちも、家畜も、この井戸から飲んだのです」。イエスは答えて仰せになった、
「この水を飲む人はみな、また喉が渇く。
しかし、わたしが与える水を飲む人は、
永遠に渇くことがない。
それどころか、わたしが与える水は、
その人の中で泉となって、
永遠の命に至る水が湧き出る」。
その女はイエスに言った、「主よ、喉が渇くことのないように、また、ここにくみに来なくてもいいように、その水をわたしにください」。

イエスは彼女に、「行って、あなたの夫をここに呼んで来なさい」と仰せになった。女は、「わたしには夫はいません」と答えた。イエスは彼女に仰せになった、「『夫はいません』とは、うまく答えたものだ。あなたには五人の夫があったが、今のは夫ではない。あなたは本当のことを言ったわけだ」。女は言った、「主よ、お見受けしたところ、あなたは預言者です。わたしたちの先祖はこの山で礼拝しましたが、あなた方は、礼拝すべき場所はエルサレムにあると言っています」。イエスは彼女に仰せになった、

「婦人よ、わたしを信じなさい。

この山でもなく、エルサレムでもない所で、

あなた方が御父を礼拝する時が来る。

女は、イエスに言った、「わたしは、メシア、『油注がれた者』と呼ばれる方がおいでになることを知っています。その方がおいでになるとき、わたしたちに一切のことを知らせてくださるでしょう」。イエスは仰せになった、「あなたと話しているこのわたしがそれである」。

その時、弟子たちが戻ってきて、イエスが女の人と話しておられるのを見て不審に思った。しかし、「何かご用なのですか。何を話しておられるのですか」と尋ねる者は一人も

見て、来て、「さあ、人々に言った、町へ行き、女は自分の水瓶をそこに置いたまま町へ行き、人々に言った、「さあ、来て、見てご覧なさい。わたしがしたことを何もかも言いあてた人がいます。もしかしたら、この人がメシアではないでしょうか」。人々は町を出て、イエスのもとに赴いた。（ヨハネ4・5—21、25—29）

関係を求めて

毎日この女が井戸へ行くのには二十分かかった。いつも焼けつくような太陽が真上に来る正午に出かけていった。それは、楽しい時ではなく、自ら招いた罰の時だった。誰もそこにいないことが確かなとき、出かけたかった。誰とも会いたくなかったからである。それは賢明なことだった。軽蔑の眼や悪意のあるうわさ話を避けることができた。別の女たちは、夜の冷気で空気が新鮮な夜明けに出かけた。そこで笑い、おしゃべりをして過ごした。毎日の仕事を始める前の、楽しい、気晴らしのひとときだった。彼女は、こうした女たちを避けた。女たちも彼女のことをだらしのない女、気が変な女、家庭を破壊した女と言って、彼女とかかわりたくなかった。彼女は、シカルという村の中で、陰口のもとになっていた。邪魔者になっていた。存在しないほうがよいと思われていた。排除することが、彼女から逃れる最善の方法であった。

彼女は目もくらむような日ざしの中を歩いた。足は地面の熱さで火ぶくれのようになっていた。頭は、いつものようにずきずき痛んだ。毎日このように歩き続けることが、これまで犯してきた悪事のために受け入れなければならない罪滅ぼしだと思っていた。神は、世の中から村八分になっている彼女をあわれんでいたであろう。悪いことはしたくなかった。誰も傷つけたくなかった。めんどうなことを起こしたくなかった。夫が自分を道具のように、呼んだらすぐに応える奴隷のように取り扱っても、夫に話すことができなかった。そうすることができなかったのだった。それは良くないことだった。婚約時代にはことばを交わさなくても気持ちが通じ合っていたのに、そのときの喜びはどこに行ってしまったのだろうか。お互いに尊敬し合っていた関係は、どこに行ってしまったのだろうか。夫の威張っている態度は、彼女の心を冷ややかにして、石のようにかたくなにした。失望し、反抗的な沈黙をとらせてしまった。

最初の愛、唯一の愛の対象であった夫は、言うことを聞かない価値のない妻として、彼女を追い出した。面目を失った父親のところに送り返した。彼女は、悲嘆に打ちひしがれ、実家でも心は安らぐことはなかった。母親は、妹たちの前で叱りつけ、仰々しい説教をした。「お前は、この家に恥を持ち込んできた。良い妻になるようにと教えなかったとでも言うのかい。お前は、この白髪頭に、面倒なことを持ち込んできた、反抗的で、利己的で、卑怯な者だ。これで妹たちを嫁に欲しいと言う人なんか現れなくなった。この家の評判は、もうだめになった」。

こうしたことが来る日も来る日も続いた。家にいることはできなくなった。でもどこへ行ったらよいのだろうか。彼女はまだ若く、魅力的だった。実家から出て、傷ついた心と体を治すただ一つの道は、再婚してくれる人を見つけることだった。市場へ行く途中でよく出会ったやや年を取った男の目に感じるものがあった。そこで父親と相談した。彼は、まだ娘を欲しいと言ってくれる人がいたので喜んだ。父親は、静かに、しかし急いで結婚の取り決めをした。

彼女は、安心感と解放感をもって新しい夫の家に行った。夫に仕え、なんでも言われるとおりにした。夫のやりたいことを何でもさせた。彼女は、結婚の決まりをきちんと守った。しかし、気持ちも愛も伴っていなかった。何も期待しなくなっていた。すべてを耐え忍んだ。これは、当時の女性の定めだった。外出したときも、無表情な顔つきで単調な声で話した。しかし、誰もそれに気づかなかった。彼女に何の期待もしていなかったからである。

子どもを残さず、老いた男は死んだ。その弟は、ユダヤの伝統とモーセ五書によって、彼女を妻とする権利を要求した。激情に駆られて彼女を虐待した。たくさんの子どもが欲しいと思った。しかし、彼女は、子どもを産みたくなかった。彼は、彼女をなぐり、ののしった。そして、兄への義務は果たしたが、それは無駄になったと言って家を出ていった。その後、がさつな田舎娘と結婚した。その娘は、毎年子どもを産んだ。

彼女は、心も体も傷つき、悲嘆に暮れていた。子どもが産めない、結婚を拒む女、という辱めは、うわさ話の種になった。長老の一人に、救世主の来臨を熱心に待ち望んでいる善良な男がいた。彼は、彼女をあわれみ、法律的に正しい妻として迎えた。彼は、彼女に何も要求しなかった。ただ生活するために安全な場所を与えただけだった。二人は、ほとんど話さなかった。話すときは、いつも預言者の約束について、イスラエルの希望である救世主の来臨について語った。サマリア人もその救世主が王であり、羊飼いであり、救い主であると大声で宣言するときが来ると説明した。彼女は、うわのそらで聞いていた。こんなことってあるのだろうか。「救い」とはどんなことなのだろうか。ときどき、話しを聞きながら、かすかな光が彼女のうつろな心に差し込んだ。

まもなくこの老人も平和のうちに旅立った。彼女も三十五歳となり、老けてきた。何年か憂うつな時が過ぎてから、とつぜん、命への、つまり愛への強い渇きを覚えた。彼女と同じように何かを求めている人を探していた。一人の男が彼女の目をひきつけた。二人の子どもがいる結婚した人だった。彼は、彼女といっしょになるために家族を捨てた。二人は、この世のことを忘れたかのように激しい感情におぼれていった。しかし、うまくいかなかった。こうした状態を終わらせる力もなかったのに、互いに軽蔑し合うようになった。

彼女は、いつものように井戸の方へ歩いて行きながら、崩壊した生活のことを考えた。これまでかかわってきたすべてのことが失敗であった。一人で、黙ってとぼとぼと歩いて行った。

遠くから誰か井戸端に座っているのが見えた。誰だろうか。彼女は、誰とも会いたくなかった。近づいていくと、服装からその人がユダヤ人だと分かった。よし、話をしなくても大丈夫だ。ユダヤ人はサマリア人を軽蔑していて、話しかけてくるようなことはしないからであった。でも、一人で座っているなんて変だ。まるで彼女を待っているみたいだった。

彼女が井戸の所に来ても動こうとはせず、水をくみ上げようとしていた。彼女は安心した。その人は自分に注意を向けなかった。彼女は、「まず疲れた足を洗おう」と思い、桶を引き上げた。

「水を飲ませてください」と言うその男の声にびっくりした。その人は、権威のある人のように話しかけた。命令をしているようでもあった。何を考えているのだと思って、横から彼の顔を見た。落ち着いた視線と彼女のいぶかる視線が合った。彼女は、驚いて、ユダヤ人はサマリアの女に話しかけないでしょう、とあざけるように言ってその男を払いのけた。しかし、その男はその場を動かなかった。彼は、神について話し始めると、ことばの口調がさらに真剣になった。彼女にその水を飲んでもらいたいようだった。ばかげたことだ。どうして井戸から水をくみ上げるのか。彼女はますます不安になってきた。この人は少し頭が変なのではないか。普通の人なら家の中にいる真っ昼間に、どうして外にいるのか。彼女は、もう一度、ヤコブのことを自慢して、歓迎されていないと分からせてこの男を追い払おうとした。しかし、彼は、水を飲むように言った。生きている水、永遠の命の水、永遠に渇かない水を飲むようにと言った。

これこそ彼女が望んでいたものだった。この井戸に来ないようになりたかったからであった。またそれ以上のものが欲しかったからである。それさえあるなら、彼女の存在の奥底からの渇きを癒やしてくれるであろう。ほんとうに満足のいく関係が欲しかった。愛と美と真理の関係が欲しかった。でも、それは愚かなことだった。おかしなことを話すこの気の変な人と同じように、愚かなことだった。彼女は、ふたたびあざけるように言った。

「その水を少しください」。

その男は、ふたたび彼女にまじめに言った。「行って、あなたの夫をここに呼んで来なさい」。彼のことばは、彼女にとってあまりにも自分の内面に触れることだった。その男には、彼女の生活をいろいろ詮索する必要はなかった。彼女は、十分問題を抱えていたからだ。

「わたしには夫はいません」と彼女は答えた。これで話しを打ち切り、仕事に戻ろうとした。「まさにそのとおりだ。あなたには五人の夫がいたが、いま連れ添っているのは夫ではない」。

なんだ。この男はどうして私のことを知っているのか。何か怪しげな方法で、見通すことができるのか。しかし、彼女は、彼が言ったことを否定しなかった。預言者なのだろうか。恥ずかしくなり、頭が混乱して、自分を守ろうとする気持ちがうすれてきた。彼女は、二人の信仰が違うのだと、攻撃的な態度をとった。きっと気分を害して立ち去るのではないかと思ったからである。けれども、彼は、立ち去ることもなく霊と真理による新しい礼拝について話した。数分前に、彼女が美と真理の関係が欲しいと願ったとき、この男は彼女の心を読み取ったのだろうか。今や、彼女は、彼に興味を持ち、もうわが身を守る必要もないと思った。これからやって来るお方を待ち望んでいた以前の夫のことばを思い出した。あれはほんとうだったのだろうか。すべてをご存じで、すべてを調和させ、真理のもとに導く救世主がいるのだろうか。ちゅうちょしながら、どもりながら、その望みを口にした。

「それがわたしである」。

彼女は、何も言えないほど驚き、手から桶を落とした。水が足にかかり、地面にしみこんでいった。その男が話したのは、新しい水のことだった。この古い世界の中で汚れた、疲れ果てたすべてを再生する生きた水のことだった。彼女は、魔法にかかったように黙ったまま、予期しないこの出会いを受けて、重大な意味のある驚くべき啓示を飲もうとした。これは、単なる事実を宣言したのではなく、深い愛と尊敬の念をもって、彼女と深くかかわりたいと招いている人の啓示だった。それまで会ったこともないよその国の預言者が、繊細でもろくなった彼女の心を開いたのだ。彼は、彼女のことがすべて分かっていた。それでも彼女を尊敬していた。彼女は、心に圧倒されるような幸せ感が大波のように押し寄せてくるのを感じた。

ちょうどそのとき、弟子たちが帰ってきたので、この不思議な時が中断された。弟子たちは、黙って近寄ってきた。一人でいる女性と話しているイエスを見て驚いたのであろう。弟子たちが来たので、彼女は、びっくりして飛び上がった。空の桶を置いたまま、走って行った。命のほんとうの水を見つけたので、もう桶はなんの役にも立たなかった。この男、この預言者、この救世主には、命のことばがあった。彼女は、気持ちを押さえておくことができなかったので、出会う人誰にでもこの良き知らせを分かち合おうと街中に突進して行った。

思いめぐらす

男と女は、結婚による愛によって自分自身を与え合うという素晴らしいことを通して、自分自身を発見するために造られた。性は、結婚が秘跡であり象徴である交わりをわたしたちが必要としており、また願望していることを示している。男と女は、互いに自分をたまものとして与える。この誠実なたまものを通して、はじめて自分自身を発見できる。この隠れた神秘に対して、女性にはいつも誠実な感受性がある。この相互愛の神秘に対して豊かな感受性がある。しかし、女性は、それに満足することなく、そこには、それ以上のものがあるはずだと気づく。おそらく、これが、女性が男性よりも宗教的であるという理由になるであろう。この「それ以上のもの」を直観的にあこがれることによって、女性は神へと向かっていく。なぜなら、このあこがれは、自分が造られた存在だと分かる人格的な関係へのあこがれであるからである。

イエスには、そのサマリアの女のことが彼女自身よりも分かっていた。彼女は、自分が願っていた人間になれるような愛の関係の中で人格的に認められることにあこがれていた。彼女は、現実のものになった新しい生活への喜びの希望に目覚めた。キリスト教的生活は出会いである。生活と希望を変革する出来事である。この名もない、軽蔑された女性のように自分をさらけ出すのだ。自分の隠れていたほんとうの姿を託すのだ。「それはわたしである」とイエスは言った。このイエスのことばにふさわしくなるために、彼女は何をしたのだろうか。

祈る

イエスさま、わたしの感情は取るに足りない罪深いものですが、あなたは井戸のそばに座って、わたしを待っておられます。神のたまもの、つまり、あなたご自身をわたしに手渡すために待っておられます。主よ、わたしは渇いています。いつもその水を与えてくださ い。わたしたちが互いに自分の尊厳に目覚めることができる力を与えてください。その尊厳とは、永遠の源から流れてくる御父の愛をいただき、そして与えることができることです。神のあわれみ、つまり、あなたがくださる生きている命の水は、恩着せがましいものではありません。赦しの水です。人格をもった人間として再創造してくれる水です。わたしたちが皆、尊敬にふさわしい人、友情を取り戻すことができる人として、互いにつきあうことができるように教えてください。

第十四章　ナインのやもめ

それから間もなく、イエスはナインという町においでになった。弟子たちや大勢の群衆も一緒に行った。イエスが町の門に近づかれると、ちょうど、ある母親の一人息子が死んで運び出されるところであった。その母はやもめで、彼女のそばには大勢の町の人がいた。主はこの婦人を見て憐れに思い、「泣くことはない」と仰せになった。そして、近づいて棺に手をお触れになると、担いでいる者たちは立ち止まった。そこで、イエスは仰せになった、「若者よ、わたしは、あなたに言う。起きなさい」。すると、死人は起き上がって口をきき始めた。そこで、イエスは息子をその母にお渡しになった。（ルカ7・11―15）

ともに復活する

そのやもめは、息子の死を悲しんでいた。一人息子だった。亡くなった最愛の父親の面影があった息子がとつぜん亡くなった。母親は息子の死を信じることができなかった。自分の体の一部が切り取られ、大きな傷口から出血しているかのように痛んだ。息子は自分の体の一部だった。報われたしるしだった。自分のおなかを痛めて産んだ子だった。病気のときは付き添い、自分で神の国に送った息子だった。苦しみのうちに埋葬するところであった。これからはどのように生きていけばよいのだろうか。息子は喜びの源だった。生きていく理由だった。今や、母親は過去も未来もない人のようになった。この世で大切にしていたすべてが奪い取られてしまった。尊厳をもって葬るために、気持ちを押さえようとして、かえって泣いてしまった。彼女はヒステリーにもならず、卒倒することもなかった。しっかりと立つために一歩踏み出して、片手で棺台につかまった。手が息子の硬直した手や足に触れるたびに、背中に冷たい電気のようなものが走った。これは夢ではなく、ほんとうに起こったことなのだと納得しようと、何度も試みた。

彼女はゆっくりと、上を向いて一人で歩いた。誰とも話そうとしなかった。みんな彼女の沈黙の悲しみをおもんぱかっていた。彼女は、人びとが来ているとぼんやりと気づいていた。ありがたいことだと思ったが、誰にも話しかけなかった。みんな町の門を通り抜けた。息子が大好きだったこの町から出るのは、これが最後だった。目を上げて、これから向かう丘の方を見た。人びとの一群がこちらの方へ来るのに気がついた。道に誰もいてほしくなかった。行列を邪魔するようなよそ者に会いたくなかった。周囲でささやくような声が聞こえた。すぐに人びとが話している声がはっきりと聞こえた。「あのお方だ。ナザレのイエスだ。こちらにやって来る」。

「イエス」。彼女は、この名前を聞いたことがあった。人びともそうだった。けれども、イエスは、これまでナインに来たことはなかった。彼女の義理の兄弟がカファルナウムで彼に会ったことがあった。いつか会ってみたいと、彼女は思ったかもしれない。でもそれは今日ではなかった。人びとが騒ぎ始めた。「おお、わたしの神よ、どうしてこんな時にあの方を送ってくださったのですか。わたしの神よ、あの方を戻してください。さもなくば、早く通り過ぎるようにしてください。わたしの神よ、息子の埋葬に邪魔が入らないようにしてください」。

急に人びとが黙ったことに気づいた。祈りが通じたと思った。低い、おだやかな声が聞こえてきた。「もう泣かないでください」。静かな声は近くから聞こえてきたが、まるで遠い所から聞こえてきたように思えた。その声は彼女の胸に深く染み込んだ。人びとは、胸がいっぱいになり、大きな声を上げた。棺を担いでいた人は立ち止まった。彼女はよろめいた。どうしたのだ。一人の男が息子の足を触った。それから手にも触った。また同じ低い声が遠くから聞こえてきた。「若者よ、あなたに言う。起きなさい」。

彼女の涙が止まった。息も止まった。もしかしたら心臓も止まったかもしれない。おなかを、子宮をぎゅっとつかまれた感じがした。すべてが変だった。物音一つしなかった。静まりかえっていた群衆が、とつぜんハッと息をのんだ。彼女は見上げた。息子の目が開いていた。彼女の目が息子の目と合ったとき、息子はほほえみ、身動きして、小さな声で言った。「お母さん、ここにいますよ。もうお母さんから離れません」。息子は、畏敬の念のうちに黙っているイエスを見た。

イエスは、息子を座らせ、静かに手を差し伸べて、母親の手と手を重ねた。「婦人よ、あなたの大切な息子がここにいます。息子さんは、神からのあなたへの贈り物です。これから、あなたの子どもの子どもを、四世代にわたって、見ることになります」。

イエスは、立ち去った。群衆は、イエスに近づこうとして、押し合いながらイエスの後を追っていった。棺を担いでいた人たちは、棺を下ろした。みんなショックを受け、今や元気になった息子の体重を支えることもできなかった。息子は、何も起こらなかったかのように、自然に立ち上がった。驚いている母親の肩に手をまわして、ゆっくりと町に戻っていった。

思いめぐらす

イエスにとっても、両親にとっても、いや、子どもを愛するすべての人にとっても、これから出会うすべての人にとっても、子どもは命のたまものだ。わたしたちは、人びとにとって皆、イエスのたまものだ。母親も娘も、息子も父親も、とても深く愛しているから、人の死は自分にとっても死になる。しかし、復活が起きるのだ。ナインのやもめは、このシンボルである。彼女は、息子とともに死に、息子とともに新しい命へと復活した。

祈る

主よ、深く、人を完全に愛せるような恵みを与えてください。強く愛せるような恵みを与えてください。大切な人の死は、わたしたちの死です。けれども、愛する人があなたの死にあずかることは、死を超えた愛を体験することです。人にとっても、わたしたちにとっても同じように復活を体験することです。あなたは、死んだ娘を父親ヤイロのためによみがえらせてくれました。そして、やもめの母親のために死んだ息子を復活させてくれました。それは、その家族のことをあなたが深く思いやっていてくれたからです。あなたは、親とその子どもたちとの関係を、彼らの愛の絆を回復してくださいます。キリスト者の家族が、ふたたび出会いの場、成長の場となりますように、すべての人が愛し合い、許す場となりますように。真理を信じ、伝え合う場となりますように。すべてのキリスト者の家族が交わりと命のために相互に助け合い、一人ひとりの自由を励ますことができますように。

第十五章　うるさいやもめ

「ある町に、神を畏れず、人を人とも思わない裁判官がいた。同じ町に、一人のやもめがいたが、いつも彼の所に来て、『どうか、わたしの敵を裁いてください』と言っていた。しばらくの間、この裁判官は聞き入れようとはしなかったが、やがて心の中で思った、『わたしは神をも畏れないし、人を人とも思わない。しかし、あのやもめは煩わしいから、裁いてやることにしよう。そうでもしなければ、絶えずやって来て、わたしをうんざりさせるに違いない』」。（ルカ18・2―5）

正義を求める女性の叫び

「神を畏れず、人を人とも思わない不正な裁判官がいた」。どのような社会でも、子どものときから、裁判官はとても高潔で、尊敬すべき人であると教えられている。裁判官は、真理、知恵、正義という高い理想によって教育を受けた人である。政府高官の中で、裁判官は、もっとも公明正大で公正であると見られている。危険な浮き沈みのある政治の世界で出世の道を求める政治家とは違って、裁判官は、万人の善のために身をささげている人、法を掲げ、公の道徳を促進する人と考えられている。不正な裁判官は、これの正反対である。裁判官が不正を働いていたら、社会全体は腐敗する。裁判官が正義と公正を守らないなら、誰が法によって生きようとするだろうか。不正な裁判官がその椅子にしがみついていて、人びとから反対されても、その職にとどまっているなら、人びとも黙って悪事を働くだろう。道徳的破綻が社会に広がるであろう。神の法の下にあるイスラエルで、一人の不正な裁判官が信仰を失い、契約を忘れていた。この町では、信仰は死んでいた。人びとも、不正な指導者たちも、神と神の民であるという自分たちのアイデンティティーを捨てていた。おそらく、ヘレニズムやローマ軍に占領されていたからであろう。たぶん世間的な事柄への関心で忙しく、だんだんと堕落し、関心がなくなり、霊的に鈍感になっていったからであろう。

イエスは、ひと言で道徳的に破綻した社会状況を描いている。これは、当時のイスラエルに対する裁きであった。町には、抗議する人がいなかった。不正を非難する人がいなかった。先祖の信仰と道徳に戻ろうと叫ぶ人がいなかった。しかし、一人のあきらめない貧しいやもめがいた。彼女は、権利を求めて立ち上がり、正義を求めた。そうするうちに、すべての人のために正義を要求するようになった。けれども、裁判官は耳を貸さなかった。町の人びとも助けなかった。孤独な女性の声が変革と刷新を要求する声となった。それは、空虚なスローガンによってではなく、権利を求める具体的な勇気によってであった。彼女は、自分の権利が大事にされていないために、訴え続ける、権利に目覚めた女性となった。このたとえ話は、とても今日的である。彼女は、根気強く、忍耐強かった。絶望することもなく、怒ることもなかった。正義がないと決めつけることもしなかった。すべてが腐敗することがあっても、正義は残るのだ。なぜなら、その源は、人間や人間がつくった制度にはないからだ。正義は、神と神のみ心のものだから、いつも存続している。神に仕える偽者が神を裏切ることがあってもだ。このやもめの正義を求める疲れを知らない心は、神を信じる心からその力を得ている。彼女は、伝統的な文化の典型的な無抵抗で、服従的な女性ではなかった。その頑固さは、裁判官の権力よりも強かった。彼は彼女の絶え間ない攻撃に負けた。彼は、この事態が世間に知られるようになり、彼女を支援したり、正義の闘いに参加する人が現れることを心配して、彼女のしつこさに辟易し、悩み、いらついた。

裁判官は、彼女が静かになるように、彼女の言う「正義」を与えた。「権利」を与えた。正義が勝ったのである。

日夜、神に叫んでいる選ばれた神の民に正義がなされることを、神はご覧になっているだろうか。正義がまさり、権利が与えられるように、確信をもって祈ります。これは、時間の問題です。正義とあわれみと、平和のみ国が来ますように。そして、腐敗がなくなりますように。

思いめぐらす

世の中は、不安と動揺の中にある。不正と腐敗が世界のすべての国で猛威を振るっている。富者と権力者は貧しい人、抑圧された人の叫びを聞こうとしない。女性の声は何度も繰り返して変革を求めている。女性は、人に対する男性の非人間性にますます敏感になっている。人権と女性の権利に対する抑圧をさらに意識するようになっている。進んで声を上げ、その声を聞いてもらいたいと願っている。その声は、ますます心を揺り動かすものとなっている。

祈る

イエスさま、信仰ある女性の声が世界で正義を求めて叫んでいるすべての女性たちの声と一つになりますように。日夜、心の中であなたに叫んでいる、すべての貧しい人の声に、苦しんでいる人の声に、抑圧された人の声に、わたしたちの声もなれますように。あなたへの信仰をともにあつくしていくために、根気強く、また確信を持つことができますように。み旨がなされますように。み国が来ますように。

第十六章　全部を入れた貧しいやもめ

さて、イエスは献金箱に向かい合うように座って、人々がその中に金を投げ入れるのを見ておられた。大勢の金持ちたちがたくさん投げ入れていた。そこへ、一人の貧しいやもめが来て、レプトン銅貨二枚を投げ入れた。それは一クァドランスにあたる。そこで、イエスは弟子たちを呼び寄せて、仰せになった、「あなた方によく言っておく。あの貧しいやもめは、献金箱に投げ入れている人の中で、誰よりも多く投げ入れた。ほかの人々は有り余る中から投げ入れているのに、あのやもめは乏しい中から、その持っているすべてを、生活費のすべてを投げ入れたからである」。（マルコ12・41―44、参照ルカ21・1―4）

主のみ名によって祝福された

イエスは、人びとを見る人だった。座って観察した。細かいところまで見ていた。それぞれの人の生活の中身を見ることができた。人の心の中の動きを行動や身のこなし方から読み取った。神殿の中で、御父の家の中で、ご自身の宣教の最後まで座って観察して、心から礼拝しに来た人は誰かと探していた。律法学者やファリサイ派の人びとを見たり、そのことばを聞いたりしたくなかった。ごく普通の人を見たかった。おそらく誰にも気づかれないようにそうしたであろう。または、多くの人は、イエスに見られていると分かったであろう。そしてびくびくしたかもしれない。人目を気にしたかもしれない。良く見せようとしたかもしれない。良い人間だと認められたいために、褒められたいために、入れようとしていたよりも多くのお金を入れたかもしれない。けれども、イエスは、何も言わずに座っていた。

弟子たちは、退屈していたかもしれない。どこかへ行っていたかもしれない。なぜなら、イエスが話そうと思ったとき、弟子たちを呼び寄せなければならなかったからである。貧しいやもめのことを話したとき、彼女は、群衆の中に消えていったかもしれない。彼女は、自分が注目されたことに気づかなかった。イエスは、慰めや褒めることばを言わなかった。しかし、イエスの心を動かした。イエスは、彼女を賞賛した。模範とした。他の人より多くのお金を入れたと言った。彼女には、このことばが聞こえなかった。何も分からなかったであろう。まことに単純な人は、自分が入れたことに気がつかない。彼女は、ただ少しのお金を入れた。そしてもっと入れたかったと思っただけだった。

亡くなった夫の魂のために、また家を出た息子の救いのために、何人のやもめがローソクをともして祈るために、なけなしのお金を賽銭箱に入れただろうか。このやもめは、自分が貧しいと分かっている女性だ。人生の半分は過ぎていた。夜間は一人だった。昼間は単調で活気もなかった。人のあわれみに頼って生きていた。明日のことを考えることなく暮らしていた。過ぎ去った過去には大事にしているものがあった。まだ面倒を見なければならない子ども、大好きな子どもがいたかもしれない。親戚の家に住んでいたか、自分の家で一人でもがいていたかもしれない。持ち物はほとんどなかった。お金は、大切なものではなかった。生と死は神のみ手にあると信じていた。「神は与え、神は取り去る。主のみ名が祝福されますように」。「神がわたしに生きるように望まれているかぎり、わたしは生きる。毎日神のみ手によって。わたしが死ぬことを神が望まれるとき、神のみ前で生きるという希望をもって、わたしは死ぬ。わたしは陰府《よみ》へと消えていく。神は万軍の主である。主は万物の神、聖なるお方である。神の定めはすべて正しい。神の裁きに誰が反対できようか。自分の運命に誰が不平を言えようか」。

彼女は、しばしば神殿に行った。わずかのお金が手に入ると、そのたびにそのお金を賽銭箱に入れた。どうしてこのようなことをしたのだろうか。それは、神があらゆる賞賛を受けるにふさわしいお方だからである。祭司と人びとの献金や奉仕による犠牲を神が喜ばれますように。神が祝福されますように。

思いめぐらす

計算し、損得を考えることは、人間の基本的な本能だ。ただで与え、感謝して受け取ることは、人間本来のものではない。計算し、蓄え、利益を探す。お金を使うときも、人とかかわるときもそうだ。買い物をしたとき、「損をしなかったか」「保証はあるか」「だまされていないか」と考える。与えようとするとき、「財布に余裕があるだろうか」「後で足りなくなるのではないか」「生活のために十分な蓄えがあるか」と考える。人と関係をもつとき、「この人とつきあっても大丈夫だろうか」「あぶなくないだろうか」「自分に経済的な余裕があるだろうか」と考える。主の限りない愛と、わたしたちへの絶えざる思いやりを信じる心だけが、野の百合の贈り物によって生きることを学びとることができる。

祈る

イエスさま、あなたが主であると分かり、あなたの栄光を賛美して、生きたささげものとなれますように。生活の試練と苦しみによって心が清められますように。あなたの愛の思いやりを確信することで、自分を捨てることができます。死と困窮を体験することで、この深い確信が得られ、あなたの愛に完全に委ねることができます。いくら心配しても、命を長びかせることができるでしょうか。他のことは考えずに、み国のことだけに心を向けることができるように助けてください。

第十七章　姦通で捕まった女

律法学者とファリサイ派の人々が、姦通の現場で捕らえられた女を連れてきて、真ん中に立たせ、イエスに言った、「先生、この女は姦通をしている時に捕まったのです。モーセは律法の中で、このような女は石を投げつけて殺すようにと、わたしたちに命じています。ところで、あなたはどう考えますか」。こう言ったのは、イエスを試みて、訴え出る口実を得るためであった。イエスは身をかがめて、地面に指で何かを書き始められた。しかし、彼らが執拗に問い続けるので、イエスは身を起こして仰せになった、「あなた方のうち罪を犯したことのない人が、まずこの女に石を投げなさい」。そして、再び身をかがめて、地面に何か書いておられた。これを聞くと、人々は年長者から始まって、一人、また一人と去っていった。そして、イエス一人が、真ん中にいた女とともに残られた。イエスは身を起こして仰せになった、「婦人よ、あの人たちはどこにいるのか。誰もあなたを罪に定めなかったのか」。彼女は、「主よ、誰も」と答えた。イエスは仰せになった、「わ

たしもあなたを罪に定めない。行きなさい。そしてこれからは、もう罪を犯してはならない」。（ヨハネ8・3—11）

罪、罰、あわれみ

彼女は、玄関のかんぬきを開けて、この真夜中に誰かいるのかと外をじっと見つめた。玄関がギーと開いて、隣人のよく知っている男が急に飛び込んできた。「お前さんのことをどう思っているか分かっているだろう。もう我慢できない。お前さんが欲しい。今がその時だ」「でも、夫が……あんたは狂ってる……」。その男が首に抱きついてきたとき、息が止まるようだった。「あいつは出かけた。よく見ていたんだ。友達といっしょにエルサレムの対岸に飲みに行った。お昼まで戻ってこない。心配するな。大丈夫だ。こっちへ来い。俺に身を任せろ。分かってるだろう」。

その男は、彼女を奥の部屋に連れて行こうとして、彼女の寝巻きを引っ張った。これをやめさせるのは、大声で叫ぶよりほかになかった。けれどもそうしなかった。彼の激情に身を任せるほかに道はなかった。彼女も彼を受け入れてもいいという気持ちになっていた。男にはそれなりの理由があった。彼女もその男が好きだった。しかし、二人は結婚しているのだからと思って、長い間その男のことを考えないようにしていた。二人はつきあえないし、つきあってはいけなかった。しかし今や、強い腕で優しく抱きかかえられて、夢に見ていた禁断の愛を受け入れた。二人は、この瞬間を情熱的に過ごした。

とつぜん叫び声が聞こえた。たいまつが窓の外の夜を照らした。カギのかかっていない玄関が押し開かれ、一瞬のうちに男たちが入りこんできて、たいまつを掲げて言った。「姦通だ。恥を知れ、女を捕まえろ。引っ張り出せ。現場を押さえた」。

彼女は、裸で、どうしてよいかわからなくなった。ベッドの上のナイトガウンを引き寄せ、身にまとった。男たちは、彼女を部屋から、そして外へ引きずり出した。彼女の恐れおののく目に隣人の妻の姿が映った。憎しみとねたみで激怒した顔がほくそ笑んでいた。そして隣人の妻は長老たちを呼んで、夫の後を追った。夫はどこに行ったのだ。男たちは夫を捕まえなかった。夫は暗闇の中に消えていった。誰もそれを気に留めなかった。これは、夫がやったことだ。夫の罪だ。それなのに、非難もされずに逃げてしまった。彼女は、すぐに分かった。その妻は、夫が捕まってもらいたくなかったのだ。男たちは、知らないふりをして、男を逃がしたのだ。

近隣の長老たちが集まってきて、彼女を指さして、侮辱と非難と律法のことばを口にした。「石叩きの刑にしろ。これはモーセが決めたことだ。罪を犯したのだ。汚れている。排除しろ。さもなくば俺たちで裁いてやる」「見せしめに懲らしめろ。ほかの者がみんな、このことから学び取れるように太陽が高く昇るまで待て」「いい考えがある」と一人の律法学者が大声で叫んだ。「イエスのところに連れて行って、なんと言うか聞いてみよう。あいつは、いつも律法に逆らって、ゆるしとあわれみを説教している。このような罪の現場を見ても、神の律法に反対するだろうか。もし反対したら、捕まえてやる。こっちには、イエスが偽預言者で民衆扇動家だという証拠があるんだ。姦通を犯した女を弁護する者は、その女と同罪だ」「そのとおりだ」「いい考えだ。これは楽しみだぜ。さあ、行ってファリサイ派の人たちを起こしに行こう。このおもしろい話を聞かせてやろう」。

男たちは、荒々しい手で、彼女を乱暴に突き動かした。半ば裸の姿と、自分たちの性的興奮のために彼らの情欲は高まった。男たちは皆、彼女をベッドに引きずり込みたかったであろうが、正義を装って我慢しなければならなかった。そこで、彼女の裸の部分をいやらしくなで回したり、ナイトガウンの下に手を入れたりしながら、あざけりのことばを怒鳴っていた。このような暴力によって、自分たちの激情を満足させた。

侮辱され、脅された彼女は、ようやっといやらしい手を押しのけると、別の手が乱暴に入ってきた。悲鳴を上げると、首を絞められ、口が動かなくなった。悪夢だった。ただただ絶望して、泣き、身を震わせた。守る者が誰もいなかった。いつも酔っ払っていて、彼女を殴りつけた怠け者の夫に何年もの間苦しみながら誠実を保ってきたのに、何も報われなかった。暴力によって人前に連れ出されても、誰の助けもなかった。隣の男はお構いなしだった。彼女は捕らえられ、死ぬだけだった。たしかに彼女は罪を犯した。闘うこともできたであろう。叫び声を上げることもできたであろう。しかし、彼女はしなかった。隣の男を愛していたからだ。彼は、隣人であり友人であった。夫から乱暴に取り扱われているることを気にしてくれていた。彼女の置かれた状況が分かっていた。今夜まで、いつもいい人だった。親切でていねいだった。二人は、ほとんど話したことはなかった。ただ笑顔とあこがれの目で挨拶をするだけだった。これによって、彼女は、生きていくことができた。そんな彼が死んでも、彼女は救われないと分かっていた。

ファリサイ派の人たちは、呼ばれたので、うきうきしてやって来た。これまで自分たちに対するイエスの言動に怒っていたので、この女によってイエスを罠にかけることができると喜んだ。イエスが朝方から神殿で教えていると知らされたので、神殿へと急いだ。

彼らが神殿に到着する頃には、彼女は、体中が泥だらけになり、出血もしていた。乱暴に突き飛ばされたり、ののしられて、何度も転んだためだった。群衆がイエスをかこんだ。そして、乱暴に彼女を突き出し、真ん中に一人で立たせた。

「先生、この女は、罪深い姦通をしているときに捕まりました。淫欲に身を任せ、夫を裏切りました。それはわたしたちの面汚しです。わたしたち家族にとって不名誉なことです。こうした場合は、モーセが命じているように、石だたきの刑に値します」。

彼女は、薄っぺらなナイトガウンを着て立っていた。男たちは、彼女をじろじろ見ながら指さして叫んだ。社会の罪びとだ。「石を投げることもない」と彼女は思った。十分辱めを受けて、頭を下げているだけだった。力がまったくなくなり、疲れ切って、倒れ、泣いた。

「先生、教えてください」、と肥満した律法学者は、尊大で独善的に声を張り上げて言った。

イエスは、体と霊のすべての感覚を使って、目の前の混乱した場面を見て、強い嫌悪感がこみ上げてきてうめき声を上げた。すぐにその夜に起きたすべてが分かった。その女の魂が人前にさらけ出されていた。男たちも同じように心をさらけ出していた。イエスは、正義と法律という衣を着て悪事と暴力を行う人間特有の傾向に恐れを感じて目を閉じた。人間の弱さが引き起こす正義の仮面を被った傲慢な態度が権力志向よりも大きな罪を犯し、罰という名目でさらなる悪事を起こさせる。そこに集まった人たちは、このような形でこの女を攻撃した。彼らは、彼女を人間として取り扱わなかった。いや動物としても取り扱わなかった。物として取り扱った。自分たちが楽しむために、いろいろと操作して彼女をもてあそんだ。イエスは彼女のところに行きたかった。優しく抱いてやりたかった。慰めてやりたかった。裸の彼女を包んでやりたかった。涙を拭いてやりたかった。イエスは胃が痛くなった。顔が真っ青になった。彼女に対する訴えのことばの下に自分に向けられた憎しみの気持ちを悟ったとき、とつぜん膝ががくがくしてきた。倒れないように、かがみ込んだ。力を振り絞って、気持ちを引き締めて、たどたどしく地面に書き始めた。イエスは激しく怒っていた。けれども、神について何でもよく知っているふりをしている無知で心ない男たちに対して、激しいことばをかけることなく黙っていた。男たちのひねくれた心がイエスを槍のように突き刺した。鞭《むち》のようにイエスの魂を打ちつけた。どうしたら男たちに分かってもらえるだろうか。どうしたら彼らを盲目にしている権力と傲慢な態度に気づかせることができるだろうか。どうしたら、御父は……。

イエスは、地面に書き始めた。あなた方の主である神は、愛と思いやりがあり、怒るに遅く、あわれみ深い方である。……心を尽くし、精神を尽くし、思いを尽くし、力を尽くして、あなたの神である主を愛しなさい。隣人を自分のように愛しなさい。この二つにまさる掟はほかにない。

男たちは、いらいらしてきた。「先生、待っているんだ。あんたの返事はなんだ」。

イエスは、深い平和な心で見上げ、落ち着いた声で話した。一語一語をゆっくりと、はっきりと話した。「あなたたちの中で罪を犯したことのない者が、まず、この女に石を投げなさい」。そしてふたたび書き始めた。

女の体はこわばり、本能的に頭を手で覆って、飛んでくる石から守ろうとした。けれども誰も手出しをしなかった。怒りの感情が収まってきた。皆が胸に手を当て、頭を下げた。良心と向き合った。自分の罪を探すまでもなかった。よく知っているこの女を売春婦のように取り扱った。隣人の年長者の手から握っていた石が落ちた。あまりにも恥ずかしい思いをしたので、イエスの顔を見ることができなかった。昔からの隣人が頭を下げ、重い心で去って行った。ほかの人たちも、誰からも見られたくないと思いながら、どぎまぎしながら、一人ひとり立ち去っていった。

律法学者とファリサイ派の人たちは、ことばもなく立ち止まっていた。彼女を激しく責め立てた人たちが立ち去るのをぼう然と見つめているだけだった。誰も石を投げなかった。それにふさわしい人はいなかった。イエスは、彼らを見上げて、ことばを繰り返した。「罪のない人は前に出て、自分よりも罪深いと思っているこの女に石を投げなさい」。彼らは、問題が自分のほうに向けられたことに当惑し、どうしてよいか分からなかった。そして足を引きずりながら、とぼとぼと歩いて行った。この光景を見ていた人たちは、強引に事を荒立てたことに対してイエスがとった立派な権威あるあり方をほめたたえ始めた。「じつに神の人だ」。誰かがささやいた。「神の知恵が人間に現れた」。別の人が言った。「いつくしみとまことは出会い、正義と平和は口づけした」と。また別の人が詩編のことばを言った。「われわれの中には罪のない人間などいない。そんなふりをする人間がいるだろうか。自分のすべての過ちを数えあげることのできる者がいるであろうか。見えない罪から清めたまえ」と一人の年長者が声を張り上げて言った。

ファリサイ派の人たちは、一人ひとりと立ち去っていった。しかし、彼らの心は変わらなかった。役立たずの下層階級の人びとの面前で、気恥ずかしい思いをさせたイエスに対して、頑固な姿勢を捨てなかった。イエスは、彼らの思いが顔に表れているのを見た。彼らの行動にかたくなな心を感じ取った。ある意味で、イエスは失敗したのだ。自分の罪に目を開かせることができなかったのだ。イエスを拒み迫害しようとする恐怖感と憎悪感に気づかせることができなかったのだ。どのようにしたら、彼らにあわれみをもたらすことができるだろうか。

イエスは、ふたたび腰を下ろして書き始めた。それは、御父のみことばからほとばしり出たことばだった。御父に仕える者は、悲しみの人であり、苦しみを知っている人。……イエスは、わたしたちの悲しみを背負ってくださった。わたしたちの罪のために、刺し貫かれた。……乱暴に取り扱われた。それをへりくだって耐えられた。……主は、苦しみを受けることで、イエスが押しつぶされるのを喜ばれている。……イエスが償いのために、ご自身の命をささげるとき、御父は、その後継者をご覧になる。……イエスを通して、御父が望まれることがなされる。

イエスは、頭を下げ、彼らの悪事のために愛をささげた。目の前で傷つき出血して倒れているこの女のことを考えた。そして、まもなく自分も同じようになると悟った。彼女の中に、人の罪のために苦しむ神秘の中に、ご自分の姿を見た。彼女は、いやいやながら悪の犠牲となった。イエスは、進んでご自分をささげようとしていた。ご自分で世の罪を引き受けようとしていた。彼女と一致し連帯していると強く感じた。

「あの人たちはどこにいるのか」。イエスは優しく言った。「誰もあなたを罪に定めなかったのか」。

「主よ、誰も」。

彼女は、自分の罪を認め、自分を裁く権利を認め、それがどのようなものであっても、裁決を受け入れようとして、まっすぐにイエスを見つめた。

「わたしもあなたを罪に定めない。これからは、二度と罪を犯してはならない」。

彼女は、地面に座り、イエスの足に接吻した。

イエスは彼女を立たせ、自分の上着を脱いで、まだ震えている肩にその上着を着せた。

「名前は何と言うか」。

「スザンナです」。

「スザンナよ、平和のうちに行きなさい」。

「行くところがありません。家には帰れません。夫がわたしを殺すでしょう。隣近所の人たちは、会いたくないです」。

「わたしの母の家に行きなさい。行って、新しい生活を始めなさい。母がすべてを教えてくれます。ここにいるわたしの友があなたを連れて行きます」。

イエスは彼女の額にかるく接吻してから、そばにいる友人を手招きした。イエスは去って行った。

マグダラのマリアがやって来て、彼女を抱き、マリアの家に連れて行った。

思いめぐらす

わたしたちは、自分でもたらした苦しみと悪に陥っている。人の激情、恐怖心、ねたみ、憎しみの犠牲になっている。こうした感情と苦痛を込み入った人間の論理で隠そうとしている。腐敗した基準で判断しようとしている。御父の愛のみことばである汚れないお方イエスは、こうした人間の感情や苦痛の中におられる。

「神は、この世を罪に定めるためではなく、イエスを通してこの世が救われるために、御子を送った」。

しかし、この救いは、イエスのあわれみの愛の心を受け入れるか、受け入れないかの人間の自由な選択にかかっている。真理の光を、そしてその光によって現れるわたしたちの真の姿を、歓迎するか拒絶するかによって裁かれる。唯一の真の罪は、愛され、赦されることを拒絶することである。イエスによって裁かれ、イエスがわたしたちを赦し、解放してくれることを自覚するまで、罪の奴隷のままでいる。わたしたちは、イエスの裁きを恐れている。なぜなら、わたしたちは神について自分で厳しく考えているので、神とは罰することが好きな過酷な裁判官であると誤った想像をしているからだ。自分の厳しい基準で自分と人を裁き、主のあわれみによって裁かれることを拒絶する。

最期の日に、どのように自分の自由を使ったかということに基づいて裁かれるという啓示は、神がわたしたちに尊厳を与えてくださった証明だ。主は、わたしたちを価値のない泥のように捨てたりはしない。また、わたしたちから生活のすべての責任を取り去って、甘やかしてわたしたちをだめにして、いつまでも成長させないようなこともしない。主は、わたしたちに成熟するように呼びかけている。多くの人びと、多くの兄弟姉妹の中で最初の人となってもらいたいと思っておられるイエスと同じようになるように呼びかけている。

祈る

イエスさま、この女性は、自分の不誠実な態度に立腹した男を罪に陥れないで、ゆるして、自分の罪の責任をとりました。男を非難することもできたのに、黙ってその男を自由にするほうを選びました。虐待され、辱められ、殺されかかったのに、あえて男たちに裁かれるままにしました。その結果、神の裁きが真理であり、あわれみであることに気づきました。主よ、わたしたちがあなたの真理の光となれますように。わたしたちを裁き、救ってくださることばによって、わたしたちの良心を照らしてください。自分や隣人たちを非難するとき、わたしたちを苦しめる罪の意識から解放してくださるように。自分の問題で人を責めることをやめるために、どうしたらよいか教えてください。どうしたら自分の生き方の責任をとれるか、教えてください。まったく新しい世界で、主の御母の家である教会で、新しい命へとわたしたちの心を開いてくれるように、すすんで許すことができますように。

第十八章　遠くから見守っていた婦人たち

大勢の民がイエスの後に従った。その中には、イエスのことを嘆き悲しむ女たちがいた。そこで、イエスは彼女たちの方を振り向いて、仰せになった、「エルサレムの娘たちよ、わたしのために泣かなくてもよい。むしろ、自分自身のため、また自分の子供たちのために泣きなさい」。（ルカ23・27―28、参照ルカ23・1―57）

また、婦人たちが遠くから見守っていた。その中には、マグダラのマリア、小ヤコブとヨセの母マリア、およびサロメがいた。この人たちは、イエスがガリラヤにおられたとき、イエスに従って、仕えていた婦人たちである。なお、このほかにもイエスと一緒にエルサレムに上って来た多くの婦人たちがいた。（マルコ15・40―41、参照マタイ27・55―56）

泣く人とともに泣く

婦人たちは、離れた所にいた。そこは男たちの世界だった。婦人たちの場所は、背景に追いやられていた。男性は、話し、告訴し、裁判し、判決を出し、罰し、処刑した。婦人たちは、胸を打ち、泣いて悲しんだ。離れた所からついていった。しかし、婦人たちの心は、暴力を振るった男たちの心よりイエスに近かった。婦人たちは、夜も寝ないで見張っていた。イエスが捕らえられたといううわさを聞いたからだった。男たちは、何も考えず、何も感じることなく苦しみを課していた。こうしたことは、政治問題には最善の策だった。婦人たちは泣き、苦しんだ。むち打たれた主であり、先生であるお方の体とひとつであると感じていた。一連の出来事が起きているとき声を上げなかった。しかし、心は叫んでいた。こんなことがありえるでしょうか。どうなるのでしょうか。やめて。やめて、イエスを解放してください。イエスになされたことを見てください。これで十分ではないでしょうか。このやり方は非人間的です。誰もこのように取り扱われてはなりません。

女性は、数に入らなかった。捕まることも殺されることもなかった。男たちは、確かに危険な状態にあった。弟子たちは逃げ去った。恐怖を感じる理由があった。群衆の中には、暴力の対象として、イエスと親しい協力者たちも含まれていた。

女性は無力だったが、しかし強かった。残忍な行為を見ておびえたが、心ない群衆に追いかけられ、突き倒されても、暑さのために疲れ果て、泥だらけになり、悪臭を放ちながら、イエスの後を追った。相手にもされず人混みの中で見えなくなったが、群衆をかき分け、かき分けて、群衆の前に出たとき、イエスと出会った。一瞬であったがイエスと目と目を合わすことができた。イエスが彼女たちを見たとき、イエスの心が彼女たちの心に通じた。「わたしのために泣かないでください。わたしとともに苦しんでください。あなたたちの怒りと悲しみの涙が思いやりとあわれみの涙に変わりますように。あなたの知っている人びとのために、あなたの子孫のために、全世界の人びとのために、わたしといっしょに苦しんでください。泣くのなら、その人たちのために泣いてください」。

イエスは、重い足を引きずりながら遠ざかり、見えなくなった。婦人たちは、イエスのために何もできなかった。イエスのほうが彼女たちのことを案じていた。彼女たちは、イエスのことばにびっくりした。イエスのためではなく、イエスといっしょに苦しみを受けてもらいたいという緊急の願いに頭が混乱した。同時に心を打たれた。イエスの真のことばの光に打たれて、だんだんと、自分たちの涙が自分のために泣いた涙だったことに気づいた。イエスは、あわれみの対象になりたくなかった。なぜ処刑されるために引っ張られていくのか分かってもらいたかった。またそのようにならなければならないことに気づいてもらいたかった。つまり、イエスは、人類が神を拒絶したことを、神が殺されるわけを、イエスなしになんでもしようとしていることを分かってもらいたかった。婦人たちに何ができるのだろうか。彼女たちができることは、見つめることだけだった。しかし、今ここで起きているほんとうの意味が分かる恵みが与えられた。群衆の暴力の奥にある意味が分かった。自分たちの心がイエスの死というドラマに巻き込まれていると悟った。すべての人に責任があった。すべての人が泣き、イエスがそのために泣かなければならなかった。

婦人たちは、イエスの心が分かった。イエスが喜んで苦しみを受けたこと、非暴力を選択したことが分かった。ご自分の意志でご自分の命を捨てる力が分かった。誰もこの力を取り去ることはできなかった。イエスは十字架を受け入れた。十字架を担ぎながら転ぶたびに、ご自分で考えていた使命を完成するために超人間的な決意をもって立ち上がった。彼女たちは、イエスがゆっくりと這うように、自分の自由意志で受け入れた十字架を担ぐ姿を見ていた。イエスは、もはや人間ではなく、虫けらのようであった。しかし、神だけがお出来になる特別な自由を持っていた。婦人たちは、イエスの苦痛の姿を見て、そのうめき声を聞いた。その姿とうめき声は、不平や反抗のうめきではなく、苦痛そのもののうめきだった。「わたしの神よ、わたしの神よ、どうしてわたしをお見捨てになったのですか」と苦悶のうちに叫んだときにも、神をののしったのではなく、神に語りかけていたのだ。これによって、イエスの孤独な心は、平和に満たされた。なぜなら、イエスは神とともにいたからだった。

婦人たちは、すべてが終わり、すべての人が立ち去るまで、動くことなく立っていた。イエスの体が十字架から下ろされ、聖母マリアの手に渡されたとき、遠くからそれを見ていた。近くまで行きたかったが、畏敬の念に打たれ、この厳粛な瞬間に立ち会っているマリアに近づいてはいけないと感じた。十字架にかかったイエスの血だらけの体をマリアが黙っていたわり、そして神にささげた姿を、沈黙のうちに見たとき、叫び声を上げることを抑えた。夕闇が地を覆ったとき、アリマタヤのヨセフという議員がイエスの遺体を十字架から下ろし、急いで亜麻布で包み、近くの墓に運ぶのを、ヨセフの後について行った彼女たちは、離れた所から見ていた。彼女たちはこのありさまを見届けた。

それから、婦人たちは、静かに家に帰った。悲しかったが、失望してはいなかった。イエスのことばを思い出して、感情にまかせることをしなかった。この出来事が無意味な殺人ではなく、ある種の宇宙的出来事だと悟った。計り知ることのできない神秘の一部、神のご計画の一部だと悟った。家に帰っても眠れなかった。安息日が終わって、お墓に行けば、神秘が明らかになると期待して待った。

思いめぐらす

この婦人たちは、社会の中で劣った人間であると低く見られていた。しかし、神の娘であるという永遠の尊厳によって、すべての人間が平等であるという「新しい創造」の神秘の中心で生きていた。自分の地位を正しく見ていないことに抗議したり、男たちから成る最高法院の声に闘いを挑むのではなく、自分たちの身分の低さを亡くなるときにイエスも共有していたと理解した。イエスが彼女たちに与えた使命は、誰であっても、どこにいても、苦しみの神秘の中にいるすべての人の近くにいて、ともに泣くことであった。すべての人のために、正義と平等をはっきりとことばに出して言い、そのために働くことは良いことである。社会の罪を公然と非難することは良いことである。すべての男性と女性が平和の世界、兄弟姉妹の世界を建設しようと力を出すことは良いことである。しかしそれだけで十分ではない。貧しい人はいつも目の前にいる。不正は、いつもここにある。この世に望むような約束の地はない。苦しみを、あってはならないことと抗議するよりも、それを大切に受け入れて、イエスに従って、その苦しみの神秘の中に入っていくようにと、イエスは教えている。イエスは、これまでこうした苦しみを償ってきたし、今も償っていてくださる。女性が、苦しんでいる人びとへの思いやりとともに、その人の苦しみの意味に特別な意味があると感じ取るなら、それは、わたしたちが劣った地位に縛られているからではなく、わたしたちの心が救い主であり、主であるイエスの神秘に近いからである。

祈る

イエスさま、あなたを裁いた人、あなたを苦しめた人、あなたを処刑した人を前にして、あなたは沈黙していました。けれども、あなたのために泣いた女性たちにはことばをかけられました。彼女たちとその子どもたちとその子孫に救いのみことばを与えました。わたしたちは、その子どもたちです。わたしたちも、自分の心に、そしてあらゆる人間の心に根づいているこの世の憎しみを恐れて、あなたとともに泣きたいです。わたしたちの泣いている心は、純血無垢《むく》ではありません。この世の罪に加担しているからです。つまり、あらゆる怒り、利己心、ねたみ、うぬぼれがこの世の悪の根源を強めています。わたしたちは他者のために泣きますが、それは自分のかたくなで性急な心で泣くのです。このことは、毎日の生活の小さな出来事の中で体験しています。この世の救いのために、愛と赦しというあなたの犠牲にあずかれることができますように。

不正に捕らわれた囚人のために、政治的抑圧者から苦しめられている人のために、秘密の売人によってだまされてドラッグに引き込まれた人のために、泣きましょう。難民や戦争で疲れ果てた諸国民のために泣きましょう。権力と富に劣情を燃やしている人のために泣きましょう。押しつぶしても気づかずに、その人びとの人間性を無視している人のために泣きましょう。悪事を企て、血の復讐を求め、暴力を賛美する人のために泣きましょう。すべての人に加えられたあらゆる非人間的な行為をあがなうために、あなたがお亡くなりになった、その結実を祈り求めましょう。たえず御父に祈りましょう。「わたしたちをお赦しください。わたしたちはどのようにしたらよいか分からないからです」。

第十九章　神秘の中心にいる二人の婦人

ところで、イエスの十字架の傍らには、その母と母の姉妹、クロパの妻マリアとマグダラのマリアがたたずんでいた。（ヨハネ19・25）

さて、イエスは週の第一日、朝早く復活して、まずマグダラのマリアに現れた。マリアはかつて七つの悪霊を追い出していただいた婦人である。（マルコ16・9）

死から生へ

十字架までイエスに従った婦人たちの一人は、遠くに隠れていなかった。彼女は、人混みを押し分けて前に出た。そこでその時が来た最愛のイエスの姿を見失うことがなかった。誰一人として、兵士でさえも、彼女を戻そうとしなかった。マグダラのマリアは、どのような状況でも一人でやっていくことができると分かっていた。その力強さのために、今や誰も行こうとはしない所へ行くことができた。

彼女がもっと近くに行こうともがいていると、聖母マリアと出会った。二人は、心ない群衆をかき分けて、ようやくゴルゴタの頂上の開けた場所に着いた。「あの方のお母さんです」、と彼女は道をふさごうとしていた兵士たちに向かって叫んだ。兵士たちは、十字架にかけられた男の悲しむ母親をあわれに思って、武器を手放し、二人を通した。そのとき、ヨハネがどこからともなく現れ、聖母の腕を取った。番兵たちが囲いを取って、場所を開けたので、彼は二人のマリアとともにその場所に着いた。

マリアとイエスの最愛の弟子の二人は、目の前の恐ろしい死刑執行の成り行きを見ていた。三人は、イエスに呼びかけた。イエスは、三人がそこにいることが分かっていた。三人は、深い愛によって、倒れそうになる体を支え合っていた。そのため、イエスのために、イエスとともに、そこにとどまり、見つめ、耐えられない状況を耐えていた。この残酷な死を承諾したイエスとともにいることは、イエスとともに死ぬことでもあった。ハンマーで打たれたくぎが三人の体を突き通した。苦痛と渇きが体を破壊した。あざけりの叫び声が三人の頭脳を破壊した。イエスのために何もできずに、そこにとどまっていた。その反対に、イエスは、二人の愛する弟子には聖母を、聖母には二人の弟子を与えた。そしてすべてが終わった。イエスは逝ってしまった。いなくなってしまった。マグダラのマリアと聖母マリアは、心を剣で刺し貫かれた。しかし、イエスの聖なる体に対する残虐な行為は終わっていなかった。槍がイエスの心臓を貫いた。最後の御血が水とともに、勢いよく流れ出て、三人の顔と衣服に飛び散った。同時に、恐怖のうちに急いで家に帰る群衆にこの世のものとは思われない暗闇が押し寄せた。このような中で、三人の心には、不思議な平和が降ってきた。聖母マリアが痛ましいわが子の遺体を両腕で厳かに受け取ったとき、マグダラのマリアは聖母の体を支えた。三人は、遺体が墓に安置される様子を見ていた。それから、ヨハネは、聖母を自分の家に連れて行った。

マグダラのマリアは、すぐには家に帰ることができなかった。言いようもない激しい気持ちに動かされて、エルサレムの暗い、誰もいない道を歩き走った。疲れ果てて、ヨハネの家に戻りたくなるまで歩き続けた。聖母の胸に飛び込んだ。聖母は優しく彼女を抱きかかえた。彼女は涙が止まるまで泣いた。それから沈黙が続いた。二人は、互いの心臓が同じように打っているのを感じ、その鼓動を聞いた。ともに分かち合った悲しみにことばは必要なかった。二人は、くぎを打たれて体中に広がった激痛の愛という波にのみ込まれるままでいた。イエスの死は、地を揺るがし、その根源から変えた。イエスはいなくなったが、その死によって二人は、そこから離れることはなかった。

二人は、これまでと同じようにいっしょに腰掛けた。ことばでは言い表せないほど愛の心で結ばれていた。長い夜がふけていくにつれて、最愛のイエスの残虐な死を目撃してからは、より意味深いものになったイエスが生きていた記憶を共有するようになった。

聖母は、ささやくように言った。「もう終わりました。イエスはお墓の中です。すべてが成就しました。イエスの苦しみは終わりました」。

「そうですね、でもわたしたちの仕事は、いま始まったばかりだと思います」。マグダラのマリアは答えた。「イエスさまのいない生活なんて、どんなものでしょうか」。

「イエスがいないなんてありえません。お分かりでしょう。すべてが変わってしまいます。イエスは、いつもわたしたちといっしょにいると言っていました。今もいっしょにいるのです。死にましたが、死んだ者ではありません。誰もイエスを殺すことはできません」。

「お母さま、イエスさまはお墓の中です。お体は硬く冷たいです。まだ血が体や髪の毛にいっぱいついています。お体が石の室の中に封印されたのを見たではありませんか」。

「そうですね、マリア。でも信じてください。イエスは生きています。死ぬことはありえません。永遠に生きています」。

玄関を静かにたたく音がした。ヨハネがそうっと入って来た。「お母さま、どうぞ……こちらに来て温かい飲み物でも召し上がってください。そして少しお休みくださいい」。聖母はうなずいて、ヨハネの手を取った。「マリア、あなたも休んでください」。

マグダラのマリアは、聖母のことばを思い出しながら一人でいた。生きているが死んだ。死んでいるが生きている。心がそのとおりだと言っていた。愛は死ぬことはない。そうでないとしたら、愛ではない。でも、どうやって。目を閉じるたびに、血やくぎ、鞭で打たれて裂けたイエスの体を思い出した。あざけりのことばを浴びせている群衆の前で裸の体をさらし、抑えがたい苦痛でもだえ苦しんでいるイエスの姿を思い出した。この場面は、目に焼き付いていた。確かに終わったのだ。けれども決して終わることがない。

イエスによって、この世の悪が征服されたと思うのは間違っていたのだろうか。暴力が自分の両親を殺したように、イエスをも殺した。聖母は、どのようにしてあんな平和を見つけたのだろうか。離別のひどい苦しみ、関係が破られた苦しみ、そしてイエスの不在と希望……そんな疑いの中で、彼女は一人でいた。

夜がようやく明けてきた。安息日が来た。恐れた弟子たちは、聖母マリアから慰めといたわりのことばをいただこうと、一人で、または二、三人で来て、そしてこっそりと出ていった。彼女は、弟子たちの恐怖心を和らげ、罪悪感でおびえている良心を癒やしてやろうと、献身的に弟子たちの世話をした。イエスのことばと約束のことを話し、新しい希望を燃え立たせようとした。しかし、弟子たちは、あまりにも大きな衝撃を受けたので、彼女のことばを聞いて理解することができなかった。自分たちも捕らえられ、処刑されるのではないかと恐れて、口もきけず、震えながら、カギのかかる部屋へ移った。マリアは、ヨハネがいっしょにいれば、いくらか安心するだろうと言った。

夜が来て、マグダラのマリアは、また聖母と二人きりになった。「わたしの子ども、マリアよ、イエスの脇腹から血が出て、その血がわたしたちに降りかかったことを覚えていますか。そして水も。わたしは考えています。……あの出来事は、子どもを産むときのことを思い出させます。水が破れて、子どもが血まみれになって生まれてきます。昨日ヨハネは、イエスが同じことを話していた、と伝えました。イエスは、自分のことを時が満ちて苦しむ女性と比べたのです。その後、女性たちが比較にならないほどの喜びを迎えるのだと言ったそうです」。

「いつですか、お母さま」。

「三日後によみがえると、言いました」。聖母は小さな声で言った。

「イエスさまが葬られて、一日しかたっていません。あと二日をどのようにして待ったらよいのでしょうか。死者からよみがえるとは、どんなことなのでしょうか」。

「忍耐しなさい。わたしの子よ。やがていつなのか分かるでしょう」。

「でも、我慢できません」。

「わかりませんんか。イエスは、生まれるために死んだのです。わたしたちにイエスの命を与えるために、血を流しました。ですから、わたしたちは、みな新たに生まれるのです。血は、イエスの人間の命です。けれども、水は、生きている水です。神の霊の水です。イエスが人間の父親を持たずに、この地上に生まれたように、わたしたちも、人間の母親をもたずに、イエスの命に生まれるのです」。

「お母さまは、わたしたちすべてのお母さまです。イエスさまもそう言っておられました」。

二人は、ふたたび沈黙した。

「お母さま、安息日は終わりました。明日の朝、夜明けに、お墓に行ってみます。そこにいれば、イエスさまに会うことができます」。

「でも、イエスのそばにいることは、距離とは関係ありませんよ」。

「分かりました。お母さま。でも行ってみます。サロメも行きたいと思っています。没薬と沈香を持っていって、習慣に従って、それをお体に塗りましょう」。

「では、行きなさい。わたしはここで待っています。イエスは、望むなら、やって来るでしょう」。

夜が明ける前に、サロメが来る前に、マグダラのマリアは墓へと走って行った。イエスといっしょにいるためだった。イエスの大切な体の近くにいるためだった。しかし、イエスはそこにいなかった。

ローマ兵が何かしたのだろうか。彼らは、生者にも死者にも尊敬を払わなかった。彼女は、あまりにも驚いたので、そこにいられなかった。急いで男たちに知らせに走った。男たちは、彼女といっしょに走ってきた。ペトロは、頭が混乱した。ヨハネは、黙って見つめていた。墓は空だったので、家に帰り、考え話し合った。

マグダラのマリアは、空虚な状態でとどまっていた。怒りと反抗、それに苦痛をもって闘った。イエスの遺体とともに悲しむことができないのは、最悪の心細い孤独をもたらした。涙をどうしても抑えることができなかった。空の墓のように、心も空だった。もう一度、墓の中に入った。イエスのいない暗闇の中で一人で座った。前の夜に聖母と感じたイエスの現存を感じた。「死んだけれども、生きている」。冷たい地面に温かみがあった。混乱した気持ちの中で希望の光を感じた。それは、もう一度立ち上がり、歩く力を与えた。

外に出ると、日の出の太陽がまぶしかった。涙にあふれた目は焦点を合わせることができなかった。誰かがそこに立っていた。「どなたですか」「あの方はどこにいますか」「どうかお返しください」。

イエスは、彼女の愛の深さを確かめようとしたのだった。イエスは、この新しい出会いの時に、ことばでは言い表せないほどの優しさと希望に心を動かされた。一瞬沈黙の時間があった。そして彼女の名前を呼んだ。彼女は、その声を聞いて、見て、そしてイエスのもとに走って行った。イエスは生きていたのだ。彼女のために生きていたのだ。喜びが爆発して、舞い上がった。イエスが暗闇から光へと、怒りから愛へと、死から生へと彼女を引き上げたのは、彼女の生涯で二度目だった。

思いめぐらす

イエスは、マグダラのマリアの命だった。何者もイエスから彼女を離すことができなかった。死さえも離すことができなかった。彼女の願いと愛を通して、聖母とひとつになって、イエスの死にあずかって、そして、イエスの復活にあずかった。じつに愛は、死よりも強かった。これは、使徒たちに、そして世界に伝えるように彼女に任された使命だった。イエスが単に生きているのではなく、わたしたちのために生きていることを伝えることだった。イエスの愛は死なない、だからわたしたちも死なないということを伝えることだった。イエスの復活は、わたしたちの復活だ。イエスは生きておられる。わたしたちも永遠に生きる。彼女は、キリスト教の喜びを誕生させた。

聖母は、すでにこのことを知っていた。聖母は待っていた。でもむなしく待っていたのではなかった。聖母とよみがえった御子との出会いは、沈黙の中に隠されていた。それは、心からの出会いを大事にするためだった。イエスの受難と死を通して与えられた忍耐と苦しみは、今度は、長い時間を待つことによって与えられた。忍耐は、信仰と希望の完成であり、内なる神の力だ。神だけが苦しみを受けることを知っておられる。なぜなら、純粋な愛だけが他者のために喜んで苦しみを受けるからだ。キリストによって、キリストとともに、キリストのうちに、他者のために耐え忍び、他者が生きるためにわたしたちの命を与えることを学び取ることができる。これこそ人間の幸せの完成であり、頂点である。

祈る

イエスさま、あなたはお一人で苦しみを受けました。他の人は、あなたとともに苦しみを受けました。愛の苦しみです。しばしば、わたしたちは、愛することを恐れます。なぜなら、苦しみたくないからです。傷ついたので、裏切られたので、拒絶されたので、お返しとして愛を受けられなかったので、すすんで愛することをしないのです。愛し、傷つき、最愛の人を思い続ける、力と勇気を与えてください。あなたを愛した女性たちの歩みについていきましょう。わたしたちのために、あなたが御父にご自分をおささげになられたように、わたしたちも聖母の歩みについていきましょう。また、自分をささげて、復活したあなたとの永遠の出会いの喜びにあずかることができますように。

第二十章　上の部屋の婦人たち

そこで、彼らはオリーブという山を下って、エルサレムに帰った。この山はエルサレムの近くで、安息日に歩くことが許される道のりの所にある。彼らは町に入ると、泊まっていた高間に上がった。それは、ペトロ、ヨハネ、ヤコブ、アンデレ、フィリポ、トマス、バルトロマイ、マタイ、アルファイの子ヤコブ、熱心党のシモン、ヤコブの子ユダであった。彼らはみな、婦人たちや、イエスの母マリア、およびイエスの兄弟たちとともに、心を合わせてひたすら祈っていた。（使徒言行録1・12―14）

イエスに従って未来へ

イエスが死者の中からよみがえってから、上の部屋はイエスの友人たちが集まる場所になっていた。そこで、彼らは集まって話をし、食事を取り、祈った。そこは、イエスが過越の夕食のとき、初めてパンを割き、ご自分の体であり血である、と友に与えた場所だった。彼らは、少しずつイエスが言ったことが分かってきた。イエスは、変容し、栄光に輝く体で彼らの間にやって来たとき、いつも平和と喜び、確信と畏敬を友にもたらした。過越の儀式を弟子たちと行うために、喜んで上の部屋を貸した部屋の持ち主は、もっと広い部屋を使うように寛大に勧めた。ほとんどの弟子たちは、エルサレムに泊まれる場所がなかったからである。男たちは、一階の部屋に住んだ。婦人たちは、ヨハネの親類が所有する近くの家に泊まっていた。毎日、彼らは、上の部屋に集まった。

その日の朝、婦人たちは、家の掃除も昼食の支度も終わっていた。彼女たちは、聖母といっしょに静かに座り、夜明けに起きた出来事を思いめぐらしていた。男たちが、いつもとちがって、叫びながら部屋に飛び込んできた。「イエスさまがオリーブ山の頂上でお会いになると話しました。そこに行ってみると、目の前で天に上げられました。雲より高く昇って行かれました。みんなも見ることができたらよかったのですが。すべて栄光のうちに、これまでにないほどの威厳をもって、お戻りになると言っておられました。そして、地の果てまでイエスさまの教えを伝えるようにと言いました」。男たちは皆、同時にいろいろなことを話したので、少し混乱した状況になったが、イエスがとても大切なことを言ったのだと、みんなが確信していた。

婦人たちは、分かっていますよ、という顔をしてほほえんでいた。マグダラのマリアは言った。「いと高きところから、イエスさまのお力で聖霊が送られてくるまで、ここで待っているようにとも言われました」。

「どうしたら分かるんですか」、とペトロが鋭い声で言った。「皆さんは、その場にいませんでした。起きたことをおしまいまで話させてください」。

婦人たちは、ふたたびほほえんだ。「さあ」、とサロメは言った。「あなたの話を聞かせてください」。

「あなたたち女の人は、大切な話をしているとき、いつも話の邪魔をします。話を続けることができません。今も、話そうとしているのに邪魔しました」。

「あなたたちは、イエスを見たと言っています」。聖母は優しく言った。

「そうです。エルサレムから始まり、ユダで。サマリアでも。わたしたちは、イエスさまの大使です。イエスさまの国の大使です」。

「ペトロさん、それは正しくありません」、とヨハネはためらいながら言った。「わたしたちは、イエスさまに仕える者です」。

「それは、証しする人と同じです」。ペトロは強く言った。

「神の霊がなければ、どうして証しする人になれるでしょうか。どうしたら許すことができるでしょうか」。ヨハネの母サロメが問いかけた。

「あなたが証しした人であり、許す人であるということに、誰かが何か言いましたか。イエスさまはわたしたちに、つまり十一人のわたしたちに話してくれました」。

聖母は優しくたしなめた。「ペトロさん。わたしたちは、イエスによって、みんな同じ者になりました。みんなイエスの命と復活を見た人です。証しする人です。みんなイエスのことばを聞きました。イエスの働きを見ました。イエスから平和のあいさつを受けました。わたしたち女も、イエスの愛の国を広めるように呼ばれています」。

「どんな意味ですか。誰がそんなことを言いましたか」。

「イエスさまが話してくれました」、とマグダラのマリアはいらつきながら答えた。

「あなたたちは、イエスさまが男の人だけに現れ、話したと思っているのですか。イエスさまは、あなたたちが出かけた後、夜明けにここにおられました。あなたたちの話が終わったら、今度はわたしたちが話す番ですね」。

「イエスさまは、わたしたちのところに来て、別れの祝福をくださいました。一人ひとりの頭に手を置いて、優しく言われました」。マルタは男たちに話した。

姉妹のマリアは、喜びで顔を輝かせながら続けた。「イエスさまは、わたしたちの頭に手を置くだけでなく、わたしたちの心の中で、……イエスさまの霊を通して、パンを割くことによって、いつもわたしたちといっしょにいると話されました。これはすばらしいことではありませんか。イエスさまは、御父のもとにお帰りになりましたが、時の終わりまでわたしたちといっしょにおられます。今までより近くに、わたしたちの心の中に」。

男たちは、女たちのことばに赤面し、恥じ入り、黙って立っていた。彼らの興奮した感情は収まった。男たちは、あたかもイエスが男たちに特別に大切なことを伝えたかのように、女たちに対して自分たちのことを自慢していたが、今やそうした傲慢な思いに困惑していた。イエスが女たちにも約束し、男に対すると同じように女たちに接するなどとは想像もできなかった。イエスはいつも男性よりも女性と親しく話しているように思われた。男たちは、少しいらつき、嫉妬を感じた。最期の時までイエスは男たちを驚かせ、当惑させるようなことをした。男たちの頭では考えられないようなことをした。あたかも女たちがイエスと同等であるかのように、女たちに話すことが理解できなかった。神が大切なことを女たちに話したのだ。男たちにはいつまでも違和感があった。ペトロは、しばしばこのようなことがふさわしい態度ではないと言おうとしたが、イエスは聞こうとしなかった。イエスが死者のうちからよみがえったので、今や何も不平を言うことができなかった。イエスがなさったことは、正しいことであったにちがいない。しかし、ふたたび男たちは分からなくなってきた。

「では、わたしたちはどうしたらよいのか」、とアンデレが言った。

「待ちましょう」とサロメが答えた。「それもイエスさまがあなたに話したことですか」。

「一日中、このように座っていることはできません」。雷《いかずち》の子ヤコブは抗議した。「どうしますか。もうこのようにじっとしているのは飽きました」。

「別の問題があります。イエスさまがいなくなった今、誰が責任者になりますか」。

マタイはすぐに返事をした。「もちろんペトロさんです。イエスさまがすでにそう言っていました」。

「許してください。友である皆さん。ペトロさんが一番であることは、みんなが知っています。けれども、このように待っている日々が続いているうちに思ったのですが、マリアさまのことばを聴いているうちに、マリアさまの言うことに従っていくほうがよいと思いました。これは、とても大切なことです。マリアさまは、わたしたちを導いてくださるただ一人の方と思います。イエスさまは、マリアさまがわたしたちの母であると言われて、わたしたちに託されました」。

「そのとおりです、マグダレナ。マリアさま、どうかわたしたちがどうしたらよいか教えてください」。

「ペトロさん、わたしにお尋ねですが。……イエスは、聖霊を約束してくださいました。けれども、それがどのようなことかはっきりと分かりません。わたしたちには、まだよく分からないことがたくさんあります。しばらく静かにして、これまで起きたことについて考えてみましょう。そして、これからのことに心を開いて待ちましょう。みんないっしょに、どこへも行かないでここで祈っているだけでよいと思います」。

「どのように祈ったらよいでしょうか」、とシモンは尋ねた。

「いちばん簡単なことは、伝統どおりに、毎日の祈りをすることです。会堂に行かないで、ここで祈っていたほうがよいでしょう」。

「あなたさまがそのようにお考えになられて、わたしたちもいっしょに祈ることができてうれしいし、神さまも喜ばれていると思います」。

「そのとおりです。ナタナエルさん」、と聖母は答えた。「神に完全に感謝することはできません。詩編と雅歌を歌いましょう。そして主のために音楽を奏でましょう。あなたとマグダレナさんは、楽器を弾いてくださいますか」。

二人はうなずいた。

「イエスさまの名でパンを割くために集まることができます」、とヨハネが言った。

聖母は、ほほえんで言った。「はい、もちろんです。ヨハネさん。あなたとペトロさんは、とくに注意してその準備をしてくれませんか。イエスが教えたように、イエスの名で感謝をささげれば、イエスは、わたしたちに分かる方法でそこにおられます」。

「イエスさまがこの新しい方法でわたしたちの中にいらっしゃることを体験したいです」、とマグダラのマリアは小さな声で言った。

「そうすれば、わたしたち一人ひとりの体験や直観や疑問などを分かち合うことができます。またイエスさまが言ったり、なさったりしたことを話し合ったり、考えることもできます。イエスさまのおことばのすべてを覚えておきたいです」。

「そうですね、スザンナさん。生きている記憶をつくり上げなければなりません。わたしたちが聞いたり見たりしたすべては、ほかの人たちのために、わたしたちに与えられたものです」。

「また、実際的なことも考えなければなりません。サロメさんとわたしは食事の世話をいたします」、とマルタが申し出た。

「ありがとうございます、マルタさん。ほかのみんなも手伝ってくださいよく食事を取って、たくさん眠る必要があります。しばらくの間いろいろなことがあったので疲れています。どんなことにも対処できるようにしておきましょう。ヤコブさん、あなたは、買い物で忙しくなります。マタイさん、あなたは、毎朝、庭の掃除をして、体を鍛えておいてください」。

「家の仕事には慣れていないのですが」と誰かが小さな声で言った。

「それは、あなたにはとくにたいへんですね」、と聖母はほほえみながら答えた。「人のために働くことを勉強しましょうね。それは、互いに助け合うことから始まります。とても簡単です。そう思いませんか。でも、やさしくはありません。忘れないでね。イエスがわたしたちに頼んだのは、このことだけです。わたしがあなたを愛したように、互いに愛し合いなさい。イエスを証しする人になれるのは、これだけです」。

みんな考え込んだ。するとマグダラのマリアが、ふたたび口を開いた。「それは、まだ昔の古傷を引きずっていたり、終わることのないけんかがあれば、互いに仲直りすることですね。互いに許し合っていなければ、どのようにして人と仲直りしたり、許したりすることができますか。ペトロさん、ときには、時間をかけて話し合うことができますか」。「時間をかけて話し合うことが必要だと思っています」、とペトロは低い声で答えた。「わたしは、皆さんを何回も傷つけてきました。だましてきました。少し前、あなたがた女の人に腹を立てました。ごめんなさい。わたしは、皆さんと同じ釜の飯を食べる者です。岩とか、皆さんの中で一番などと呼ばれる資格はありません。……最後の者と呼ばれるべきです」。

聖母がペトロの手を取ったとき、聖母の目には涙があった。「ペトロさん、誰も偉くはありません。わたしたちにできることは、イエスに選ばれて、わたしたちとともに望まれることをイエスができることに感謝することです。一番になるとは、いちばんにイエスに仕える人になることです。イエスが皆さんの足を洗われたことを思い出してください」。「けれども、皆さんの愛と許しがなければ、何もできません。お母さま」、とペトロは口を滑らした。「わたしたちは、和解の時をもつことができますか」。

「はい。数日後に。わたしたちは、すでにイエスの御血によって和解していますが、イエスがわたしたちにくださった平和を日常の生活の中で具体的なものにする必要があります。その準備をするために、祈りによって、わたしたちを導いてくださいませんか。わたしたちがイエスの愛に結ばれるように祈る必要があります。一つの心、一つの思い、一つの魂になるように」。

「どのように祈ったらよいのでしょうか。お母さま。あなたがおいでにならなければ、どうしてよいか分かりません……」。

「イエスが教えてくれたことばです」。

ペトロの声は、さまざまな思いで震えていた。彼は、両手を挙げて祈り始めた。

「天におられるわたしたちの父よ……」。

一人ひとり、皆いっしょに、主イエス・キリストの御父に手と心を挙げて祈った。

思いめぐらす

教会は、聖母マリアであり、命の教師である。聖母は、ご自身の内に蒔《ま》かれたみことばの種にあふれる豊かなお方である。教会の御母であり、誰よりも聖霊に満ちあふれたお方である。この聖霊によって、神の御子をお産みになった。イエスに人間になる道を教えられた。母であることは、単に妊娠と出産という生物学的なことではない。この聖霊によって、わたしたちのために、イエスをお産みになり、御父にささげた。聖霊降臨のとき、聖霊を発出して、弟子たちや、男と女たちを産み、その人びとを教会として御父にささげた。その日から、すべての人は、息子や娘を産むという使命をもって、御体の部分、またお互い同士の部分となった。教会の使命は、特別に女性的である。すなわち、聖母は、あがなわれた人間を産み、育て、教える。そして、食べ物として主ご自身与えてくださる命のパンを、受け取り、分かち合うなかで、もっとも貧しい人ご自身を与えてくださる。母であることは、他の何よりも人間の心を神に近づけてくれる。なぜなら、母はわたしたちの利己主義を取り去ってくれるからである。人を産むという意志は、自己保存という本能よりも強くなる。母であることは、長い間愛し、育て、自己犠牲をして、教え、存在し、所有するすべてを分かち合うことによって、成長した人間を産むということである。人間生活の中でもっとも大切で聖なる仕事である。つまり、新しい人間を産み、その人間性を育てることである。それによって、人間は、内なる神の姿に目覚める。そしてキリストは、生まれ、育っていく。

教会は、じつに人間が生きている現実である。つまり、イエスの愛によってともに生きることである。イエスがまことに現存しているという思いを生きることである。人は、神の目から見たら平等である。そうした人間として、日常生活で互いに仕え合い、許し合うことを学ぶ。互いの重荷と喜びを分かち合い、互いの差異が生活と成長の真の源になるまで、さまざまな差異を苦しみながらも認め、他者を排除する精神的壁を突き破り、共通善のための和解と協力によって一致を築き上げる。一人ひとり皆、自分のなすべき仕事がある。その仕事は、すべての心を結びつける一つの目的を追求するにあたって、すべて重要である。その他のものは、二義的なものだ。地位や役割について論争して、権力の政治に巻き込まれるよりは、聖霊によって、教会の母となれますように。

祈る

わたしたちすべての母である聖母マリアよ、あなたの御子の霊に、愛の霊に、神の母性的な霊に向かってわたしたちの心が開かれますように、祈ることを教えてください。あなたが心を刺し貫かれたとき、あなたがなさったように、元気を与える両刃《もろは》の剣《つるぎ》のように、みことばがわたしたちの心を貫くように教えてください。真理と愛によってともに生きることを教えてください。

わたしたちの心の中に、母である教会への子としての誠実な愛に燃え立たせてください。あなたがおいでにならなければ、あなたの御子を知ることができません。御子の霊を受けることもできません。聖母とともに、聖母を通して、あなたの母なる愛と導きを受けることができます。聖母とともに、聖母を通して、あなたの御子がその死を通して与えてくださった新しい命によって、ともに生きていくことができますように。

神の母であり、教会の母である聖母マリアよ、わたしたちのために祈ってください。

終わりの祈り

イエスさま、あなたの良き知らせを宣べ伝えるとき、多くの女性に時間と心遣いを与えてくれました。女性の多くは、熱意にあふれた弟子であり、親しい友でした。しかし、福音書の記者は、同じような心遣いをしませんでした。ほとんど名前も残っていません。これまで取り扱ってきた話に出てきた女性のほとんどは、名前が分かりません。生活の中での男性たちとのかかわり合いの中から分かるだけです。たとえば、……の妻とか、……の母親とか、……のやもめとかです。福音書の中でさえ、悪名高い女性たちのほうが、普通の女性よりも知られています。

イエスさま、あなたとともに歩いた無名の女性たちとの霊的友情が分かるようにお恵みをください。そうした女性たちは、名前と心をもった実際の人びとです。あなたとかかわることで自分を見つけた女性たちです。わたしたちの自己中心的な思いによって、すぐに忘れてしまう近くにいる人たちを名前で呼べるように助けてください。生活の場所によってではなく、あなたとの特別な関係から、社会の周辺にいる人びとのことを気づかせてください。あなたから見たら、わたしたちと同じように、大切な友として出会うことができますように。イエスさま、すべての人と交わることができるよう、わたしたちの心を開いてください。

エピローグ

キリスト者の女性への呼びかけ

マリアは、十字架の足元で聖霊を受けた。
わたしたちは、教会を通して、マリアを通して、聖霊を受ける。
わたしたちは、呼ばれている。
マリアとともに、十字架の足元に立つように、
マリアとともに、上の部屋で祈るように。
それは、苦しみと不安、そして混乱の中にある世界のため。
わたしたちは、呼ばれている。
新しい世界を生む母となるように、
新千年期のために、

キリストを産む母となるように。

新たに生まれるという希望は
女性の創造力にかかっている。
時の充満の中にあるように、
すべては、おとめ、花嫁、御母である
一人の人間にかかっている。

主の天使は、わたしたち一人ひとりのもとに来て、
承諾を求める。
主の霊は、わたしたちを覆い、
わたしたちは、その声を聞く。

「あなたは、身ごもることになる。
あなたが産む聖なるお方は、わたしのもの。

マリアの名前は、あわれみ」。

「恐れないで。
マリアは、いと高き方の子。
わたしを忘れ、道に迷っている人に、
寂しい、苦しい、利己的で、暴力的な人に、
マリアは、命と愛と許しを与える」。

「恐れないで。
わたしはそれをすべて行う。
わたしは、あなたの中にマリアのあわれみをつくる。
マリアは あなたの心の喜びとなる。
すべての人がマリアの優しさを知るために、
マリアは、あなたの命を変え、
あなたは、マリアのために生きる。

あなたは、新しい千年期の教会、あわれみの御母となる。
あなたは、あわれみを生む。
それがあなたのもっとも深い望みではありませんか」。

「あなたが承諾さえすれば、
一人では何もできないと分かるなら、
交わりによってともに生きることを求めて、
それを行うことができる」。

「あなたが苦しみ、
その苦しみがあなたの産みの苦しみであり、
あなた一人のものではないことを除けば、
わたしは、すべてを行う。
わたしのあわれみがあなたの心で生きることができるように、
あなたをわたしに近づける辱めを受ける」。

「助けもなく助ける方法も分からず、
慰めや知恵のことばもなく、
要求も期待もなく、
時間から永遠に行く忍耐心をもって、
希望を持ち続け、
最期の喜びを信じて、
罪と苦痛と苦しみのうちにある
すべての人のためにあわれむ」。

「あわれみの御子を産む苦しみは
許しの苦しみ。
あなたが許しを望んでも、
許すことができないときの苦しみの苦痛を引き起こす
傷も辱めもない」。

「許すことのできないかたくなな心が
引き起こす苦しみは、
もっとも深い傷の場。
ここにとどまりなさい。
そこは、あわれみの神が宿る場。
そこにとどまって、赦しを求めよ。
そこにとどまって、イエスの御血が
あなたの全身を塗る。
イエスの御血は、あなたの心の胎内にしみとおり、
胎内を豊かにし、
あなたは身ごもり、
一人の子を産む。
それはあわれみ。
全世界は彼女の誕生を待っている」。

訳者あとがき

本書はMartha E. Driscoll, OCSO, *Reading Between the Lines : The Hidden Wisdom of Women in the Gospels,* (Missouri : Liguori Publications, 2006) を訳したものです。

著者マルタ・E・ドリスコルは、厳律シトー会の修道女です。アメリカで生まれ、ジョージタウン大学国際関係学部を卒業し、青年海外協力隊で働きました。その後、ブランダイス大学大学院で美学修士を得て、イタリアの厳律シトー会（トラピスト会）ヴィトルキアノ修道院に入会しました。一九八七年インドネシアのゲドノに創立された修道院に創立長として派遣されました。二〇〇〇年にゲドノは大修道院に昇格し、そのときからメール・マルタは大院長として務められました。そして二〇一九年一月に、七十五歳で大院長職を辞職されました。これは、厳律シトー会の会憲で定められていることです。

メール・マルタは、アジアとアメリカのシトー会員の養成のために黙想指導を行っている他に、修道生活の霊性についてインドネシアの修道者たちにさまざまな教育を行っています。

彼女が入会したヴィトルキアノ修道院は、二十世紀のイタリアの福者マリア・ガブリエラが奉献生活をささげたところです。メール・マルタは、、この福者の伝記を書きました。その伝記『教会一致の沈黙の先駆者マリア・ガブリエラの生涯』(*A Silent Herald of Unity : The Life of Blessed Maria Gabriella Sagheddu*)は、アメリカのシトー会出版から発行されています。

わたしの好きな作家の一人に堀辰雄がいます。彼は、後に妻となる加藤多恵に書いた手紙の中で「人生学校」という言葉を何回か使っています。はじめてこの言葉に接したとき、なんとすばらしい表現だろうかと心を打ちました。

それからしばらくして、さらにすばらしいことを発見しました。それは、「シトー会の修道院が開花し始めるに先立って、聖ステファノ大院長とその兄弟たち」(『シトー会初期文書集79頁』)が「愛の憲章」をつくったことです。この「愛の憲章」は、「シトー会の発展のみならず、他の修道会の会憲作成上にも重要な役割を果たした」(ルイス・レッカイ著朝倉文市訳、平凡社)と言われています。このようなことを言うまでもなく、修道院は、とくにトラピスト修道院は、「愛の学校」と言われています。（Charles Cummings, OCSO, *Monastic Practice,*〔Cistercian Publications, 2015〕, 152)。

わたしは、この事柄を知ったとき、「人生学校」という表現と「愛の学校」という表現が一つの大きな渦のようになって、「人生は愛の学校」「愛の人生学校」という表現が体と魂と霊のすべてに充満し、わたしの全存在をめぐりました。

わたしは、学校と教会以外の社会を知らないまま過ごしてきました。定年退職者になった今でも、「人生学校は愛の学校」という表現は、わくわくするような気持ち、涙が出てくるような感じにさせてくれます。

わたしたちは、先人から伝えられたことを学び取り、それに自分が学習したほんの少しの経験と体験を加えて、それを次の世代に伝えます。まさに人生は愛の学校です。

学ぶためには、教師や模範的人物が必要です。使徒言行録の中に、エチオピアの高官が洗礼を受ける場面が描かれているところがあります。イザヤ書を読んでいるエチオピアの高官にフィリポが「読んでいることがお分かりですか」と訪ねました。すると高官は、「誰かが手引きをしてくれなければ、どうして分かりましょう」と答えました。そこでフィリポは、「聖書のこの箇所から説き始め、イエスのことを宣べ伝えた」（使徒言行録8・26―39）。

学校ではもちろんのこと、人生においてもこのような導く方、「愛の人」が必要です。

本書では、福音書に登場する女性たちがわたしたちの教師です。愛の人です。しかし、一方的に高いところからわたしたちに教える教師ではありません。彼女たちは、悩み苦しむ、そして傷つきやすい、身分の低い貧しい女性たちでした。母親もいました。夫を亡くした女性もいました。独身者もいました。召し使いもいました。世間からつまはじきにされている人びともいました。そうした女性たちは、イエス・キリストの愛とかかわりをもったおかげで、救われました。このように考えると、愛の人生学校における本当の教師はイエス・キリストであると気づきます。この「訳者あとがき」の冒頭に書きましたように、本書の英文の題名に *Reading Between the Lines : The Hidden Wisdom of Women in the Gospels*（『行間を読む　福音書の女性たちのかくれた知恵』）となっていることから分かるように、意識して読まないと、師イエスに対する彼女たちの気持ちは行間に埋もれてしまいます。彼女たちは、このような女性たちでした。

私事ですが、わたしの最初の刊行物は、二十世紀アメリカの厳律シトー会司祭の著書『観想の種子』の翻訳でした。そして、おそらく最後の刊行物となるであろう本書も厳律シトー会の修道女の著作です。

この間、当別の灯台の聖母修道院の故高橋重幸神父様から、シトー会についていろいろとお教えをいただきました。また「合宿」と称して、灯台の聖母修道院や那須の聖母修道院で、何冊かのシトー会関係の著作の翻訳の校閲をいただきました。アメリカのトラピスト修道院を訪問することができました。またその当時、ローマの総長館で顧問をなさっておられた那須の聖母修道院のメール・アンジェラ豊田様のご厚意によって、イタリアとスペインのトラピスト修道院を訪問することができました。このように思い返してみると、厳律シトー会からことばでは言い表すことのできない恩恵をいただきました。

メール・アンジェラ豊田様から、本書の著者メール・マルタ・ドリスコルの前記の著作『教会一致の沈黙の先駆者福者マリア・ガブリエラの生涯』を日本の修道会のために訳すように依頼されました。この翻訳をしながら、著者について調べているうちに、本書と出会いました。

メール・アンジェラ豊田様から修道会用語をはじめ、トラピスト修道会に関するさまざまな事柄をご教示いただきました。深く感謝いたします。また、本書を翻訳しているとき、マリア・マグダレナという霊名をいただいた妻、歌子が天の主の家からわたしをいつも励ましていると感じていました。妻は、わたしの同伴者であり教師でした。この意味で本書の共同翻訳者でもあります。すべては主のお導きであり、お恵みだと感謝しています。

本書の翻訳を始めたのは、二〇一六年二月に妻が亡くなってしばらくしてからだったと記憶しています。この年の七月、マリア・マグダレナの日は記念日から祭日に昇格しました。マリア・マグダレナという霊名をいただいた妻は、このとき生きていたら大喜びしたでしょう。いや、神の家で働いている彼女は、わたしたちが知る前に、この慶事がすでに分かっていたでしょう。妻は、ホスピスに入っていましたので、わたしは、妻の死を覚悟していましたが、その時が訪れたとき、ことの重大さに圧倒されて、ことばを失いました。それ以来、わたしは、つよい寂寥感と孤独感に襲われ、寡黙になりました。夜、机に向かっていると、妻が帰ってきたのではないか、またパソコンに向かっていると、背中からのぞいていると思う日が続いています。このようなさびしさの中で、本書の翻訳を始めました。翻訳が終わってからも、翻訳完成の喜びがあっても、さびしい気持ちはなくなりません。訳文のUSBメモリーは、机の引き出しの中にしまったままになりました。このような中でサンパウロに救われました。ありがたいことでございます。

わたしは、まもなく愛の人生学校を卒業いたします。多くの方々に、とくに女性の方々、ケベック・カリタス修道女会の故メール・リタ・デシャエンヌさま、厳律シトー会のメール・アンジェラ豊田さま、そして母せつ、姉よし、妻歌子、娘節子と里香に大変お世話になりました。うれしいときも、苦しいときも、悲しいときも、その方々は、あるときは教師として、またあるときは同級生として、わたしを励まし、希望を与え、導き、霊感を与え、助言を与え、そして祈ってくださいました。感謝いたします。

聖書の引用は、フランシスコ会聖書研究所訳注『聖書』を使用しました。サンパウロ・宣教企画編集部図書グループの皆さまには、訳文をていねいに、こまかく検討していただきました。心からお礼申し上げます。

二〇二一年十月十日

木鎌　安雄

訳者略歴

木鎌 安雄（きかま　やすお）

1932年東京生まれ。

上智大学文学部卒業・同大学院西洋文化研究科中退。文学博士。カリタス女子短期大学（英語・キリスト教学）、英知大学文学部（北米文化）・同大学院人文科学研究科（英米宗教思想史）、神戸海星女子学院大学文学部（キリスト教と英文学）、近畿大学文芸学部（キリスト教と英文学）。

著　書

『評伝　トマス・マートン』(ドン・ボスコ社　1992年)、『アメリカのカトリック 史的展望』(南窓社　1999年)、『アメリカのカトリック　人と霊性』(聖母の騎士社　2000年)、『トマス・マートンの詩と霊性』(南窓社　2003年)、他。

訳　書

『平和への情熱―トマス・マートンの平和論―』（女子パウロ会)、『栄光への旅立ち』（サンパウロ)、『証言者たち　厳律シトー会アトラス修道院の七人の殉教者』(ドン・ボスコ社)、他。

福音書の女性たち

著者 —— マルタ・ドリスコル
訳者 —— 木鎌　安雄

発行所 —— サンパウロ

〒160-0011　東京都新宿区若葉 1 - 16 - 12
宣教推進部（版元）　Tel.（03）3359 - 0451　Fax.（03）3351 - 9534
宣教企画編集部（編集）　Tel.（03）3357 - 6498　Fax.（03）3357 - 6408

印刷所 —— 日本ハイコム㈱

2021 年 12 月 16 日　初版発行

ISBN978 - 4 - 8056 - 7626 - 4　C0016（日キ販）